美美与共

吴江好人录

刘伟 主编

古吴轩出版社
中国·苏州

图书在版编目（CIP）数据

美美与共：吴江好人录 / 刘伟主编. -- 苏州：古吴轩出版社，2019.12

ISBN 978-7-5546-1467-9

Ⅰ. ①美… Ⅱ. ①刘… Ⅲ. ①人物－先进事迹－吴江－现代 Ⅳ. ① K820.853.4

中国版本图书馆 CIP 数据核字 (2019) 第 263585 号

责任编辑：俞　都
特约编辑：杨　隽
装帧设计：沈　婷
责任校对：黄菲菲　石小雨
特约校对：沈志强

书　　名：美美与共——吴江好人录
主　　编：刘　伟
出版发行：古吴轩出版社
地址：苏州市十梓街458号　　邮编：215006
电话：0512-65233679　　传真：0512-65220750
出 版 人：尹剑峰
印　　刷：苏州市深广印刷有限公司
开　　本：787 × 1092　1/16
印　　张：19.25
版　　次：2019年12月第1版　第1次印刷
书　　号：ISBN 978-7-5546-1467-9
定　　价：58.00元

《美美与共——吴江好人录》编委会

主编

刘　伟

副主编

孟庆利　　沈伟荣　　嵇为超

执行副主编

陈臻华　　黄　燕　　陈　洁

编委

杨　莹　　胡　平　　杨　隽　　姜　明

序

“各美其美，美人之美，美美与共，天下大同。”这是吴江籍著名社会学家费孝通先生在其八十寿辰聚会上总结的16字箴言。大意是，如果每个人都能欣赏自己的美，同时接受他人的美，这样不同人的美和谐共生，就会实现理想中的大同美。

人类的进步，源于人们对“美的结晶”的追求和向往，进而“美人之美，美美与共”。本书辑录的“好人”们，就是我们吴江人身边“美的结晶”。

他们中间，有兴产业报国家，又不忘饮水思源的时代楷模崔根良；有为事业燃烧生命至最后一刻的“好人”周春荣；有用109岁身躯续写大爱的“好人”李德贞；有用大半辈子照顾瘫痪丈夫的“好人”沈凤英；有舍命勇救落水女孩的“好人”杨克强……

他们大多是我们身边的普通人，也是我们学习的榜样。一个“好人”，就是一面旗帜。他们的很多事迹，接地气，贴民心。在他们身上，有着中华民族的优秀品质，有着人民大众对道德品质的追求，也有彰显社会进步的时代精神。

一个“好人”感动一群人，一群“好人”温暖一座城。一座砥砺奋进的城市，需要有精神力量的支撑。“好人”精神作为城市文明的文化地标，塑造着一座城市的精气神。

榜样是阳光，它将光和热洒向大地，洒向人间。每一位“好人”，每一件好事，都是一个标杆，是一面飘扬的旗帜，是社会进步的明灯，不断唤起社会良知，规范着人们的道德行为，助推形成良好的社会风尚。我们要明辨是非，褒奖先进，增强看齐意识，以此提高社会文明素质。

一朵鲜花打扮不出美丽的春天。社会引导更多人向上向善，离不开对好人氛围的营造。近年来，吴江以创建全国文明城市为抓手，扎实推进公民思想道德建设，积极发掘善人善举，开展以“吴江好人”评选为代表的一系列活动，选树了一大批模范典型。截至2019年12月，吴江区共有14名“中国好人”、15名“江苏好人”。

2019年，吴江区文明办和松陵街道在区新时代文明实践中心建设“好人广场”，集中了省级以上的“好人”先进事迹，旨在进一步发挥“好人效应”，弘扬“好人文化”，以身边好人践行的“好人”精神，引导和激励更多市民学习“好人”、关爱“好人”、争当“好人”。

2019年是吴江文明城市创建的关键之年，全面建成小康社会需要精神文明来“铸魂”，筑牢共同思想基础需要精神文明来“引领”，与物质文明协调发展需要精神文明来“推动”。

“一个没有精神力量的民族难以自立自强。”习近平总书记的话语饱含力量。相信这些身边模范典型的精神力量，将滋养出一片崇德向善、见贤思齐的道德高地，让道德精神薪火相传，让文明之花开满江城大地。

中共苏州市吴江区委常委、宣传部部长

2019年12月

目录

全国时代楷模

一位土生土长的吴江当代民营企业家，他以产业报国之志，挺起民族脊梁；他以饮水思源之情，敢于担当，感恩乡梓。

他躬身力行“真善不为人知”，始终坚持“从身边做起、从当地做起、辐射社会、真心慈善、责任慈善、终身慈善、全员慈善”理念，时刻不忘感恩家乡、回报乡梓，把爱深深播撒在他所挚诚热爱的故乡热土上。

他，就是全国时代楷模、全国道德模范（提名奖）、江苏省道德模范——崔根良。

崔根良：勇担社会责任的民营企业家

一位土生土长的吴江当代民营企业家，他以产业报国之志，挺起民族脊梁；他以饮水思源之情，敢于担当，感恩乡梓。

作为亨通集团创始人、党委书记、董事局主席，第十二届、十三届全国人大代表，崔根良扎根家乡，以产业报国、实业强国为己任，被中宣部评为全国时代楷模，并被授予全国道德模范（提名奖）等荣誉。

20世纪80年代，崔根良毅然放弃在外承包办厂的高额回报，响应号召回乡创业。“家乡需要我，我就回七都了。”崔根良说。他先后让三个濒临倒闭的工厂扭亏为盈。他创办了家乡光电缆行业首个工厂，让停产多年的农具厂转产通信电缆，当年盈利数十万元；第二年创办全国首家乡办光纤光缆厂；第五年，企业光电缆产品成为全国产销量冠军。他带领企业把光电缆产业做成了今天吴江的支柱产业，产业规模超千亿元。近五年来，他带领下的亨通集团累计为七都创税达60亿元，吸纳乡亲就业达上万人次。

近30年来，崔根良始终坚守实体制造业，以敢为人先、敢创大业、敢攀高峰、敢争一流的“四敢”精神，带领企业在光通信、海洋通信、智能电网等许多领域创造了许多中国第一、全球首创。特别是在中国光纤产业被国外垄断、发展受到技术打压的情况下，崔根良把国家责任扛在肩上，顶住压力，自主研发、独立生产出中国人自己的光纤产品，为维护国家网络和信息安全做出了突出贡献，推动中国跨入全球光通信强国行列。

看着世界地图做企业，沿着“一带一路”走出去。亨通在全球并购创建了11家海外工厂，产品服务覆盖130多个国家和地区，为吴江制造、中国制造赢得了世界声誉。

上善若水，大爱无言。崔根良创业以来，一直用自己的实际行动诠释着一名党员民营企业家对家乡的赤子情怀。他躬身力行“真善不为人知”，始终坚持“从身边做起、从当地做起、辐射社会、真心慈善、责任慈善、终身慈善、全员慈善”理念，时刻不忘感恩家乡、回报乡梓，把爱深深播撒在他所挚诚热爱的故乡热土上。

2011年，崔根良捐资5000万元成立了由民政部直管的非公募慈善基金会——亨通慈善基金会。他连续7年为吴江残疾人开展“圆梦行动”，实现了1700多户困难残疾人家庭电视机、洗衣机、冰箱、热水器全覆盖，并为250户困难残疾人家庭孩子捐赠笔记本电脑，为教育扶贫插上梦想的翅膀。他坚持不把一个困难员工、一个困难家庭推给政府、推向社会，累计就业安置家乡上万名生活困难的员工，带领他们实现了脱贫致富。他以“敢吃第一只螃蟹”的首创精神，率先以民营资本办起了社会福利企业，累计为3000多名残疾人提供就业岗位，目前仍有500余名残疾员工奋斗在亨通生产一线。崔根良帮助他们立业又立志。

创业以来，崔根良秉承取诸社会、还诸社会的济世情怀，坚持“企业小的时候是个人的，做大了就是社会的”的理念，累计捐赠5.5亿元用于精准扶贫和公益慈善。亨通的慈善事业坚持根植家乡，每年参与各项慈善公益事业并捐款。在根植家乡的同时，亨通将爱播向全国，慈善足迹遍及全国19个省份。崔根良也成为吴江走出去的“中国十大慈善家”“中华最具爱心捐赠个人（中华慈善奖）”“中华慈善突出贡献个人”。

（章政英）

中国好人

全心全意为患者着想，把苦累留给自己，把安康送给病患，把医德传给后人。他不忘初心、义薄云天、济世救人，令世人敬重。街坊邻居和患者经常这样对他说：“秦医生，真希望您活到200岁！”

他，就是中国好人——秦均天。

秦均天："仁心医者"一辈子只做一件事

在平望镇河西街边一条深深的弄堂里，有着一座不起眼的老宅。不管是工作日，还是节假日，这里经常人来人往。宅子的主人秦均天在家里办诊室，看病不收一分钱，而且一坚持就是20多年。他自撰了一副对联贴在门上：但愿人皆健，何妨我少钱。

退而不休 居家坐诊分文不取

溪港秦氏，是吴江著名的中医世家，秦均天是这个家族的第四代传人。秦均天的父亲秦东园为一代名医，是吴江中医院（当时的平望联合医院）创始人。

"我14岁就开始跟父亲学医，16岁就能独立看病。"秦均天说，父亲不仅把毕生所学的医术传授给了他，更教给他"医者，仁术也"的道理，"小时候，我经常看到父亲免费为穷苦百姓看病，有时还出钱给病人买药。"

1994年，秦均天从吴江中医院党委书记、院长任上退休回到家里，但每天还是不断有人来找他看病，秦均天就在家里办门诊，还给自己定下规矩：来者不拒，分文不取。"我们老两口都有退休工资，用不着问病人收钱。"

25年义诊 临床记录写了370多本

1934年出生的秦均天已经85岁，因为上了年纪，吃不消一天的坐诊，他在几年前就决定上午接诊、下午休息。但如果一上午看不完，他从不回绝，

常常看到下午两三点才收工。病人深夜十一二点来敲门，他照诊不误。

“好多人都是从外地专门赶过来的，不能让人家等久了，更不能让人家白跑一趟。”为了让病人尽快就诊，秦均天经常一坐就是很久，吃饭也很不规律，时间一久，“身体搞坏了”，各种新老毛病都发作起来。

每看完一个病人，秦均天都会在小本子上详细记录病情以方便查阅，至今已记了370多本，堆积成了小山。曾有人帮秦均天算了一笔账：办诊室以来，他接诊的病人少说也有6万人，以他的资历，如果开专家门诊，按照每例病患50元门诊费算，25年里，他“少赚”了300多万元。

更重要的是，秦均天看病不仅不收钱，还千方百计地为患者省药费，有

时甚至像他父亲那样直接贴钱，免费送药给病人，或者自费搭车上门坐诊、陪同病人去外地医院看病。

妙手仁心 但愿人皆健

秦均天退休前几乎在医院的各个科室都工作过，因此能应付各种疑难杂症，不少大医院都束手无策的患者，他都能妙手回春。不过，他自信但不自负，接诊三次没有明显起色的病人，他就坚决要对方转诊。

在问诊之余，秦均天还订阅了《家庭医生报》和其他一些医学类报刊，一空下来就埋头“充电”，遇到病情严重、复杂的病例，就标记下来进一步研究。

秦均天德艺双馨，多年来有很多药店和民营医院找上门来，想出高薪请他“出山”，但每回都被他严词拒绝了。“他们花钱请我，肯定是想有回报，给我2000块，他们最少要挣2500块，而这2500块从哪来？道理再简单不过了。”

然而，2011年，平望镇老年大学成立，开设了中医药保健知识课程，邀请秦均天授课，他立即欣然答应，但坚决拒收讲课费。秦均天说，将中医药保健知识传授给更多老年人，让他们健康长寿，就是最好的回报。

（杨华）

她原是黎里小学的一名老师，1995年退休后办起了免费辅导班，一开始在女儿家里。后来当地政府腾出黎里公园的一间屋子，把她的辅导班搬了进去，并专门成立了以她的名字命名的工作室。

20多年来，经她辅导与教育的学生不计其数。

“孩子天真无邪，是未来的希望。跟孩子们在一起，我很开心。”她说。

她，就是中国好人——王治英。

速度×时间=路程

王治英："跟孩子们在一起，我很开心"

王治英原是黎里小学的一名老师，1940年8月出生，大专学历，1995年退休。

退休后，王治英在女儿家里办起了免费辅导班，不管刮风下雨、严寒酷暑，只要有孩子上门，她都给予耐心、仔细的辅导。除了给孩子们辅导功课，王治英还给孩子们上思想品德课、国学课，讲英模故事，帮助孩子们树立正确的人生观、价值观。

2013年，当地政府腾出黎里公园的一间屋子，放上桌凳、书柜，将王治英的辅导班搬了进去。

"冬天再冷，夏天再热，只要我们把孩子送过来，王老师肯定在。"辅导班学生家长盛俊杰说。

"三伏天里，我们送孩子过来补习，自己都热得不行，但王老师始终坚持。"辅导班学生家长凌婆婆说。

"有一年冬天，王老师杀鱼时把手划破了，缝了好几针，当时我以为辅导班要停几天的，没想到她还是来了。"辅导班学生家长王奶奶说。

在辅导班学生家长的记忆里，王治英似乎从未因身体原因而停止为孩子们辅导功课。2013年底，她不慎摔了一跤，头部受伤，缝了10多针，昏迷了2天3夜。在家休养的她，当听说有学生上门请教时，不顾自己身体尚未痊愈，依旧"上班"了。

"王老师不光是对自己要求严格，对学生也是一样。如果哪个孩子有一两天不来，王老师就要担心了。"盛俊杰说，"遇到这种情况，她就会问我们，谁谁谁几天没来了，你们知道是什么情况吗？"

2016年，王治英关心下一代工作室在黎里公园成立。有了工作室后，王治英辅导班的上课时间更加有规律了，工作日是下午3点半开始，节假日是上午8点钟开始、下午1点钟开始，周日不开班，但欢迎孩子们来“吃小灶”。原则上的休息时间，仅剩除夕和大年初一。

在王治英的辅导班中，学生最多时有37人。20多年来，经王治英辅导与教育的学生更是不计其数。在王治英眼中，所谓的“差生”，只是比较淘气的孩子，只要通过适当的教育引导，就能成为优秀的学生。

对家庭有困难的学生，王治英也会尽力帮助。她每年都会拿出约5000元，用于给孩子们购买作业本、圆规、橡皮等，而自己的生活却极为简朴，每天买菜的费用难得超过5元钱。

“要是没有统一的作业本，你用这个本子，他用那个本子，收起来岂不是乱糟糟的？”无论是早年在女儿家的辅导班，还是如今在黎里公园的关心下一代工作室，王治英都有着严格的要求。

除开设义务辅导班外，作为“五老”网吧义务监督员，王治英已累计帮助300多名沉迷于网络游戏的少年“改邪归正”。

“对于小小孩，王老师操心他们的学习；对于大小孩，王老师担心他们会去网吧。”盛俊杰笑着说，王老师每天吃完午饭都要去网吧转转，看看有没有跑到网吧的孩子。

“孩子天真无邪，是未来的希望。跟孩子们在一起，我很开心。”王治英说，能帮一个孩子学习进步、生活健康，她感到很满足。

2018年1月，由中央文明办主办、中国文明网承办的“我推荐、我评议身边好人”网络点赞评议结果揭晓，义务开设辅导班20多年、帮助300多名孩子重拾信心的吴江退休老师王治英入选“中国好人榜·助人为乐好人”。

（徐海军）

在他的工作日程表上，没有双休日，只有星期六、星期日。

一盏灯或许只能照亮一丈的距离，但是无数的明灯却能照亮整个天空。“让更多的教师成为明灯，就能照耀更多的学生。”他先进的教育理念和实践吸引着全国各地的教师，并由他们带往全国各地，在全国开出馨香的花朵。

他，就是中国好人——薛法根。

薛法根：30年扎根江村泽被教坛

“2018年度全国教书育人楷模”“江苏省有突出贡献中青年专家”、《小学语文组块教学》教学成果获评国家级教学成果奖……2018年，薛法根不仅收获了众多荣誉，还在教师节前夕参加了国务院新闻办公室举办的优秀教师代表与中外记者见面会，与中外40多家媒体进行交流，分享了他30年的教育心得。

“这些年，我们发现，孩子获取信息的渠道越来越多，而现在孩子的学习能力、学习意识，也远远超出了教师的想象。”薛法根表示，以前老师常说“要给学生一碗水，你要有一桶水”，现在看来，有“一桶水”是不够的，还要常“添水”，教师也要不断学习。这就是学生的改变推动教师的改变，推动教育的改变。

见面会的最后，薛法根结合自己的工作给年轻教师提出了建议。他说：“基础教育的好老师首先是让孩子喜欢你。老师都有爱，老师爱学生，但重要的是要让学生感受到你的爱。还要让你的学生爱上你。爱上你，他才能爱这门学科，爱学习。”其次是老师要有专业的水平，要能够真正教好书。

这位对基础教育颇有研究的教师，出生在吴江一个偏远的乡村，在贫困中长大，上初中时还是借钱交的学费。1986年，薛法根被保送至江苏省无锡师范大专班，作为“书包翻身”的一代，他深知“乌鸦反哺”的道理。虽然诸多光环傍身，但薛法根像他所教的语文课一样，依旧清简、厚实、睿智，诠释着对孩子、对教育的至深大爱。

1990年，22岁的薛法根初出茅庐，他精心设计了教案，却在实践操作中被学生晾在了讲台上，在“启而不发”的情形下，就像个拙劣的导演。此后，

薛法根反复揣摩名师的讲课录像，将精妙之处移植入自己的课堂。1993年，在江苏省“教海探航”征文颁奖大会上，他的作文课《奇妙的魔术》赢得了一致好评，他也从当初“拙劣的导演”变为广受欢迎的“常胜将军”。

针对小学语文教学高耗低效的顽症，1997年，他原创性地提出了组块教学法，将零散的语文训练项目整合成综合的语文实践板块，使学生在生动活泼的语文实践活动中获得充分和谐的整体发展，实现了由“教课文”到“学语文”的华丽转身，由“教语文”到“育智能”的本质回归。

在薛法根的工作日程表上，没有双休日，只有星期六、星期日。

一盏灯或许只能照亮一丈的距离，但是无数的明灯却能照亮整个天空。“让更多的教师成为明灯，就能照耀更多的学生。”在点灯路上，薛法根鼓励教师参与学校文化建设，进而丰富教师的内心世界、提升教师的精神境界。

为了给教师加能量，20世纪90年代初，薛法根带领学校第一批科研“志愿兵”创办了青年教师理论夜校，利用每周三晚上的休息时间，与青年教师一起学理论、研课题、写论文。大家互相启发，一个个难题迎刃而解。

他开辟教育博客，将课例设计、论文随笔等及时上传，短短几个月点击量就突破10万人次；他组织骨干教师支教，进行公益性讲学30多场次；他应邀为国家级骨干教师培训班做学术指导……薛法根先进的教育理念和实践吸引着全国各地的教师，并由他们带往全国各地，在全国开出馨香的花朵。

（史韫倩）

2019年3月19日9时32分，一名吴江“95后”消防员接警出发。但万万没想到，这一次完成任务后收队，他缺席了。为了营救盛泽清溪河中那个轻生女子，刘磊不幸被急流卷走，22岁的宝贵生命定格在了抢险救援最前线。

他是父母眼中孝顺懂事的孩子，是乐龄公寓孤寡老人口中的“消防儿子”，更是一个忠诚的人民卫士。

他，就是中国好人——刘磊。

刘磊：用无悔践行誓言 用生命托举希望

2019年在中国文明网上，“中国好人”刘磊的事迹被形容为“用生命诠释担当”。

这是一位英雄曾经写下的壮志。他是这样说的，也是这样做的。他，18岁入伍，参与过500多次灭火战斗，200多起抢险救援，营救出120余名群众，以实际行动践行了“对党忠诚、纪律严明、赴汤蹈火、竭诚为民”的铮铮誓言。

2019年3月19日9时32分，警铃声又一次响起。与3年多来执行每一次救援任务一样，吴江“95后”消防员刘磊整装出发。但万万没想到，这一次完成任务后收队，他缺席了。为了营救盛泽清溪河中那个轻生女子，刘磊不幸被急流卷走，22岁的宝贵生命定格在了抢险救援最前线。

危急时刻，他毫不犹豫地把救生圈套在了轻生女子身上，甚至来不及跟队友道一声别，就被暗流无情地吞没了。

东太湖呜咽，清溪河含悲。2019年3月21日，刘磊的遗体告别仪式及追悼会在吴江殡仪馆举行。黑色的挽联、黄色的素菊、低沉的哀乐，说不出一句再见。在追悼会上，刘磊被国家应急管理部批准为烈士，追记一等功；被江苏省消防总队追认为中共党员。

22日，刘磊烈士的骨灰“踏上”了归乡的路途。清晨6时，数千名群众自发走上街头，踏着晨光，夹道送别刘磊，愿其魂归故里。

经过1100多公里、12个小时的行程，刘磊终于“回到”了家乡。出走时是少年，归来时是英雄。阔别已久的家乡，也以特别的方式，迎接英雄回家。下午4时54分，护送刘磊“归乡”的车队驶入石门境内，在盘塘高速出口处、石门大道、夹山大道、电厂路、奉天路和刘磊家所在的巷子里，人潮拥挤，大

家就为了多看英雄一眼。

刘磊生于1996年7月，是湖南省常德市石门县人。怀揣着军人梦，2015年9月，刘磊毅然决然选择了参军入伍。1400个日日夜夜，刘磊陪伴父母的时间只有短短10天。他，是一个孝顺懂事的儿子，更是一个忠诚的人民卫士。

据刘磊生前所在班班长冀荣华说，刘磊平时训练刻苦，每次受伤，他都能始终咬牙坚持住。吴江区消防大队盛泽中队代理指导员刘宇恒说，刘磊是一个非常单纯，非常老实的人，交给他的任务，他都能在第一时间，百分百地完成。

刘磊的生活十分简朴，会把每个月的工资分成三个部分，一部分攒下来汇给父母，一部分省下来参与中队对坛丘社区贫困学生王昊文的帮扶，剩余的部分留作自己花销。

工作之余，刘磊经常会和战友们一起去乐龄公寓，看望照顾孤寡老人，和老人拉家常，给老人打扫卫生。他们被亲切地称为“消防儿子”。

这是刘磊，苏州市消防救援支队盛泽中队一班副班长，四级消防士。

此去忠魂化碧涛，精神长留天地间。刘磊用自己22年8个月的短暂生命，托举起生命的希望，践行了无言的忠诚，谱写了一曲人民消防为人民的壮丽篇章。

（李静蕾）

幼时高烧导致小脑神经受损，身体残疾的他中专毕业后到处找不到工作。父亲病重逝世和家庭的困顿，使得他下定决心自主创业。

经历了无数的摸爬滚打，他靠着自强拼搏，生意从开照相馆、做电子相册加工，逐渐拓展到纸质影集生产。三五人的家庭小作坊，发展到目前拥有35位员工的实体相册加工厂。他不但用自己残疾的身躯挑起了养家的重担，还为21位残疾人提供了就业岗位。

他，就是中国好人——陆鸿。

陆鸿：吴江“阿甘”撑起21个残疾人家庭

10多个月大时，他突发高烧，医生们都失去了信心，断言他救不活。母亲不离不弃的守护让他捡回一条命，但他也留下了严重的后遗症——小脑指挥神经失常。

他没有让自己的人生因缺陷变得遗憾。经历了无数的摸爬滚打，他靠着自强拼搏，生意从开照相馆、做电子相册加工，逐渐拓展到纸质影集生产。三五人的家庭小作坊，发展到目前拥有35位员工的实体相册加工厂。他不但用自己残疾的身躯挑起了养家的重担，还为21位残疾人提供了就业岗位。

他是最美平望人陆鸿，2018年6月，入选了“中国好人”。

因为残疾，他成长的过程注定艰难。但他坚强、努力，付出超过常人数倍的时间和精力去学习。读完初中，考入职高，毕业后将有定向工作单位接收。这是他当时的希望。

梦想是美丽的，现实是残酷的。他四处奔波，寻求就业途径。一扇扇敞开的大门，待他蹒跚走近时，徐徐关上。

出路在哪里？经历短暂的消沉，陆鸿决定自主创业。

做什么呢？没有一技之长的他，决定去家住芦墟的叔叔那里学技术——“敲白铁皮”。

学徒两年期满，陆鸿和母亲在自家门口摆起了自行车修理摊，收入甚微。半年后，他们开始尝试多种经营模式，加大投入，借钱买了一个小门面，添置了锅炉，做起卖开水的生意。

修理自行车、“敲白铁皮”、卖开水，陆鸿做得非常用心。他知道，人生之路需要一步一步脚踏实地地走，没有捷径。

陆鸿的认真、真诚与善良给他的事业带来了一次又一次的转机。母亲购买一台电脑,让他学会了上网,在网上,他认识了一位负责电视特效后期制作的主编,跟着这位主编学习,陆鸿又慢慢接触到了电子模板业务,并在电商平台上开发起了模板店。因为价廉物美、服务优良,店铺生意很好。

有一次,苏州老年大学的一位老教授来到平望,找陆鸿制作电子相册,说要送给老伴,作为结婚50周年的礼物。陆鸿很是感动,免费将相册赠送给他,并送上真挚的祝福。

就这样,两人成了忘年交。老教授是苏州老年大学的一名摄影讲师,他还邀请陆鸿去学校,免费为他培训,传授摄影技术。学成归来,陆鸿开了一家名为“天使乐园”的照相馆。因他技术好、为人厚道、收费亲民,店铺生意十分红火。

后来,他拓展产业链,从开照相馆、电子相册加工,拓展到纸质影集生产,从一无所知到轻车熟路。他那三五人的家庭小作坊到目前已成为拥有30多位员工的实体相册加工厂。

一路走来,陆鸿为21位残疾人提供了就业岗位,向慕名前来拜师学艺的残疾人无私传授技艺。

如今,陆鸿的苏州市缘跃纸制品有限公司,俨然成了一个集残疾人工作、生活、文娱于一体的“残疾人之家”。好多因为身体残疾找不到工作的朋友，在陆鸿的帮助下走到了一起，他们用灵巧的双手，为自己和家人撑起了希望的蓝天。

刨去租金、员工工资、水电费等各类支出，2018年一整年，陆鸿赚了30万元。陆鸿说，为了实现今年贴纸大卖的目标，自己又一时冲动，花了几万元在网上买了一台模切机，用来提高生产效率。

“要是能把这条流水线开出来，我们所有人的工资还能继续涨。”陆鸿说。

“今年，我们还会招员工，十分欢迎残友们加入，发挥自己的特长，在这里实现自己的价值。”陆鸿说。

（王翼）

江苏好人

2013年5月，一篇名为《一份爱，一个儿童公益梦》的报道引起了公众的关注，说的是她创建“安娜妈咪教育公益频道”的故事。6年时间，她逐渐实现了自己的公益梦。

她说，自己不是什么大明星，只是一个做公益、传播公益的普通妈妈，自己最大的心愿，就是有更多的孩子听到自己的故事，让更多的爸爸妈妈受益。

她，就是江苏好人——安娜。

lenovo

安娜：我只是一个做公益的普通妈妈

2019年1月16日，《吴江日报》的“阅读·书香”版面听书栏目新加入了一名主讲人，她就是被大家亲切称呼为“安娜妈咪”的安娜。在首期节目中，她分享了经典童话故事《绿野仙踪》，读者扫描版面上的二维码就可以收听到。

“这是我新拓展的平台，今后将不定期推出节目，希望能够把我的声音和故事，传递给更多的孩子和家长。”安娜告诉记者，仅2018年，自己就拓展了天猫精灵、酷狗等多个平台，还参加了湖南卫视、江苏综艺频道等电视台多个节目的录制。

2013年5月，一篇名为《一份爱，一个儿童公益梦》的报道引起了公众的关注，说的是安娜创建“安娜妈咪教育公益频道”的故事。6年时间倏忽而过，安娜不仅实现了公益梦，还获得了“江苏好人”的荣誉称号。

安娜是黑龙江齐齐哈尔人，2006年从哈尔滨师范大学毕业。安娜有了孩子后，十分注重早教，经常给儿子买各种故事书、图画书和音像制品。后来，她发现周围很多小朋友都由爷爷奶奶看护，老人缺乏对孩子进行启蒙教育的知识和理念。看到这种状况，安娜就常常利用业余时间，跟小区里的孩子讲故事、做游戏。

孩子们都很喜欢听安娜讲故事，她便萌生了将故事录成录音，然后让爷爷奶奶们放给孩子们听的想法。安娜在网上购置了录音设备，开始在书房中录制儿童故事，并把这些故事的音频发给小区的孩子们听。

因为在大学里就担任过学校广播站的播音员，又有在电视台、电台播音主持的实习经历，安娜的普通话和音色都很好，她萌生了将故事音频发到网

上的想法，想让更多的孩子能听到“安娜妈咪”的故事。

《宝宝睡前故事》《三字经》《唐诗精选》……安娜利用业余时间录制了多个专辑。她几乎是把所有的业余时间都花在了挑选书籍、录音和编辑制作上，但她一点也不觉得辛苦，反而乐在其中。

如今，“安娜妈咪早教公益播读”个人电台已更名为“安娜妈咪教育公益电台”，其内容也从单纯的讲故事不断扩展，涵盖儿童故事、儿童英语、儿童心理、儿童保健等。上线的节目不但有按照年龄划分的儿童故事等，还有给家长听的教育互动节目，听众更是遍及全国各地。

2016年底，安娜妈咪从线上走到线下，成立了安娜妈咪工作室，并积极投身公益阅读推广事业，接连举办了“安娜妈咪故事会”“安娜妈咪口才故事讲座”“安娜妈咪亲子阅读讲座”等公益讲座。

2018年，安娜借助吴江区妇联的平台，在各区镇进行了10多场“安娜妈咪让孩子爱上阅读”公益讲座。为了将自己的声音传播得更远，近年来，安娜还致力于向贫困地区的孩子们捐赠“安娜妈咪故事机”，通过故事机让录制好的故事传播得更远。

安娜对笔者说，自己不是什么大明星，只是一个做公益、传播公益的普通妈妈，自己最大的心愿，就是有更多的孩子听到自己的故事，让更多的爸爸妈妈受益。

过年期间，安娜没有回老家，而是在家中整理儿童故事。她说，自己要打造一个中国最大的免费少儿故事音频库，让更多的孩子受益，实现自己的公益梦想。

（史韫倩）

“妈妈，我们以后都会埋在一个叫上方山的地方，既不占用国家资源，还有我们大家一起陪着你，你愿不愿意将遗体捐献给国家？”女儿问。

“政府照顾我，我死后也应报答政府。捐献遗体，是为国家医疗事业做贡献。”她回答。2019年，她109岁，她用她的精神和行动，感染了更多的志愿者加入这支充满大爱的队伍。

她，就是江苏好人——李德贞。

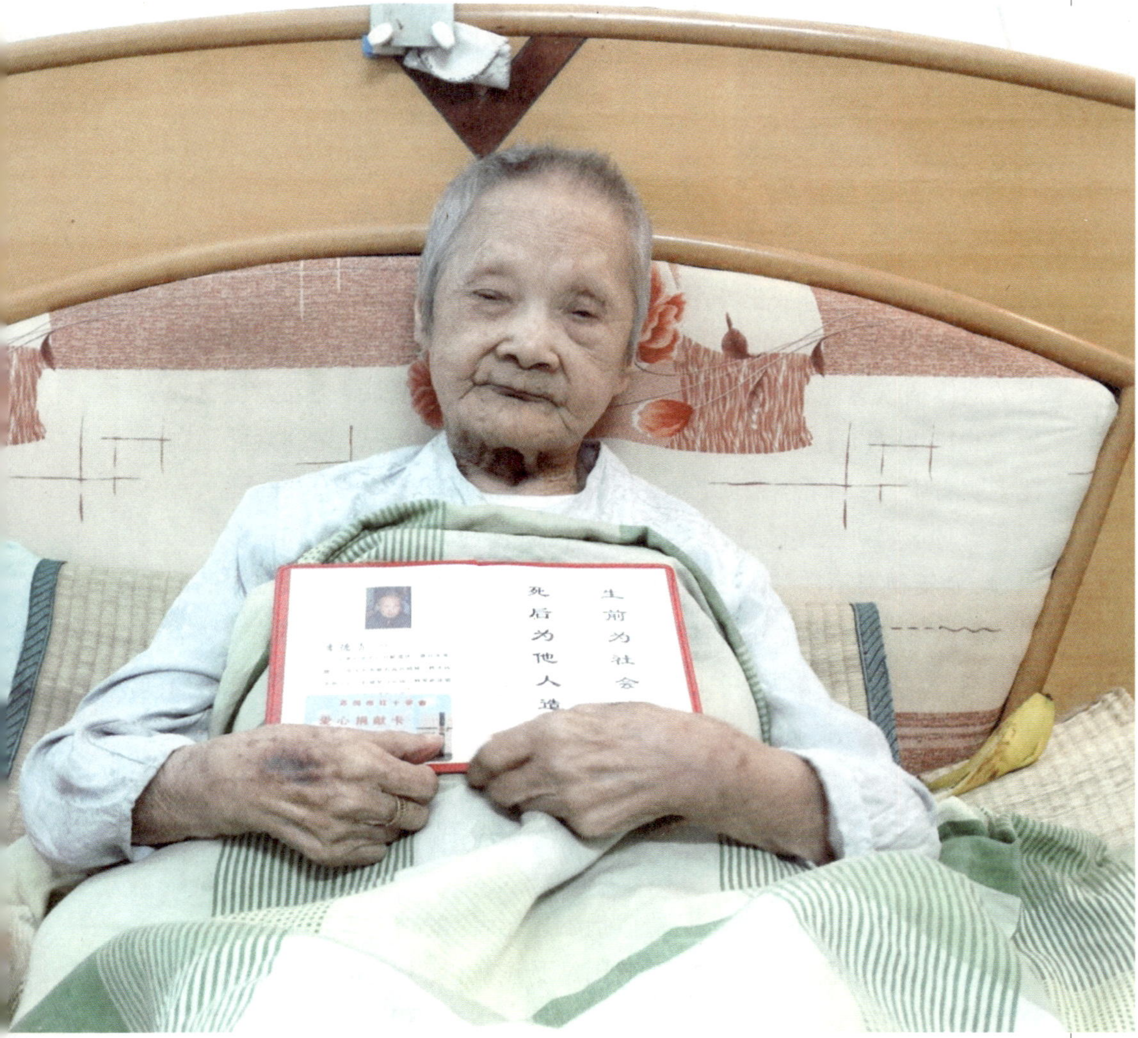
生前为社会
死后为他人造
爱心捐献卡

李德贞：用109岁身躯再写大爱

“不要墓地，不要土葬，只愿将自己的遗体捐献给国家医疗事业……”这是109岁老人李德贞的心愿。作为吴江区最长寿的老人，同时也是年龄最大的遗体捐献志愿者，早在2014年，她就签署了遗体捐献志愿表。

2014年9月4日，吴江区红十字会工作人员带着慰问品，来到盛泽镇迦南托老院看望、慰问了李德贞老人，并送上了无偿捐献遗体的证书。

当时李奶奶虽年已过百，但精神矍铄，口齿也很清晰。看到很多人来看望她，她笑得合不拢嘴，并和大家唠起嗑来。作为目前吴江年龄最大的遗体捐献志愿者，老人说她并没有什么长寿秘诀。“她什么都吃，特别喜欢零食，心态很好，现在生活基本上能自理，就是眼睛有些看不清了。”老人的女儿钮美瑜说。

“奶奶要好好保重自己，我们会经常来看您的！”区红十字会工作人员给李奶奶剥话梅。看到有人给她送零食和礼物，她开心得不得了，连声说着“谢谢，谢谢”。

李奶奶的女儿和女婿都是遗体捐献志愿者。女婿王者兴生前曾担任盛泽捐遗小组的组长，2018年3月21日因结肠癌辞世，根据其生前志愿，遗体已捐献给了祖国的医疗事业。女儿钮美瑜说，自己一家子都是遗体捐献志愿者，姑母已过世，也将遗体捐献了出去。2014年8月下旬，一家人谈及母亲后事时，李奶奶特别提出，自己死后不要坟墓，不要土葬，希望将骨灰撒在大地上。

“当时我就说，妈妈，我们以后都会埋在一个叫上方山的地方，既不占用国家资源，还有我们大家一起陪着你，你愿不愿意将遗体捐献给国家？”

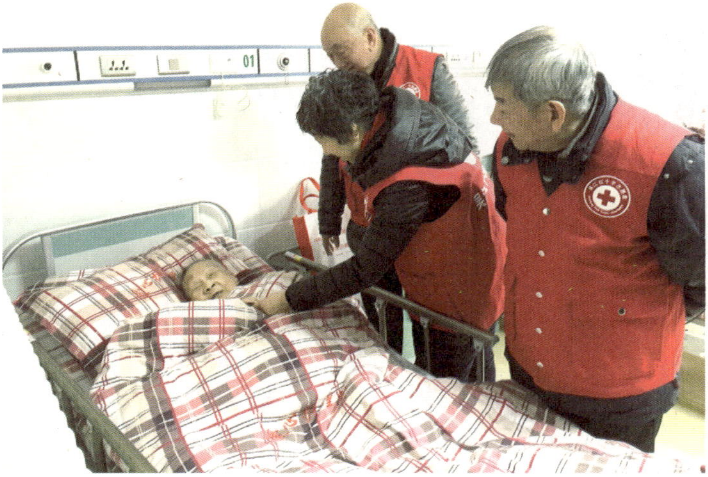

钮美瑜说，母亲自从2009年搬进托老院，一直受政府照顾，现在每月能领到几百元的补助金。“政府照顾我，我死后也应报答政府。捐献遗体，是为国家医疗事业做贡献。”

李奶奶答应了女儿，2014年8月底，她亲自签字，由女儿钮美瑜向区红十字会申请填写了遗体捐献志愿表。

采访中，笔者了解到，李奶奶独自带着两位老人、四个儿女在吴江生活。尽管她是上海外国语学校毕业的高才生，但为了照顾一大家子，当了两年教师的李奶奶辞职做起了家庭主妇，一辈子含辛茹苦，将四个子女抚养长大。李奶奶一直积极向上，即使家里揭不开锅了，她也不急不慌，把眼下该做的事做好。受李奶奶坚强乐观的性格影响，儿女们很早就参加工作，独立自强。女儿钮美瑜还是个“全能手”，修手表、修机器、裁剪服装、织毛衣，样样都会。

“人活着不能只为自己，死也要死得有意义。我和老伴都志愿捐赠遗体、器官，原因有二：一是为国家医疗事业做贡献，二是节约国家土地资源。”钮美瑜说，早在2009年他们就签下了无偿捐赠遗体意愿书。2011年，区红十字会工作人员说可以捐赠器官了，他们又第一时间申请了捐赠器官和角膜的意愿书。

2014年，李德贞成为“中国好人”候选人。2019年，李奶奶已经有109岁了，她用她的精神和行动，感染了更多的志愿者加入这支充满大爱的队伍。

（史亚玲）

他站在河边回忆起当天的情景，依然非常激动，眼神之中充满焦虑。“容不得多想，我赶紧朝那边跑过去。我那时心里慌得不行，心跳得特别快。”

邻居说，他的身体并不太好，在正常站立时，双脚还在不住地颤抖。然而，即便如此，在他人生命遇到危难之时，他依然不假思索地用行动诠释着何为奋不顾身。

他，就是江苏好人——李巧生。

李巧生：体弱老人勇救落水儿童

2014年7月31日上午9点，平望镇溪港村，大多数青壮年已出门忙碌，留下老人和孩子在家。

李巧生那年69岁，妻子出去打工，三个女儿早已出嫁，平时他一人在家。耐不住炎热的天气，他拿上毛巾，准备走到屋前的河桥边，洗把脸凉快凉快。谁知，才刚走近河边，对岸一个孩子的叫喊声就将老李吸引了过去。“我就听见有人在喊，但听不清喊什么。”老李回忆，从西边南横桥桥洞望过去，他看见河面上有两个孩子正在无助地扑腾着。

老李站在河边向笔者回忆当天的情景，依然非常激动，眼神之中充满焦虑。“容不得多想，我赶紧朝那边跑过去，我那时心里慌得不行，心跳得特别快。”李巧生迅速从离落水儿童最近的河桥上跳了下去，奋力游向小男孩。“因为小男孩整个人是趴在河面上的，脸朝下，更危险，小女孩脸朝天仰着，相对好些，所以我先将小男孩拉上岸，再返回河里救另一个。”老李虽然年纪大了，思路却十分清晰，快速想好救援方案后，成功将两名孩子一一救上了岸。

事发水域水草茂盛，透过河面不难看到它们肆意的长势。李巧生说，由于河道清过两次淤，河水蛮深的，根本踩不到河底。

此时，老李的小舅子陈建飞刚好上河桥，邻居储惠珍也看到了眼前的一幕。当听到岸上的孩子说水里还有他们的姐姐时，两人迅速下水，用一根竹竿搜寻孩子的位置。而刚救完两名落水儿童的老李，来不及换下湿漉漉的衣服，已经跑向位于村南边的铸造厂，赶紧通知孩子们的父母。

最后，陈建飞和储惠珍找到孩子的同时，孩子的父亲也赶到了现场，并

将小女孩拖上了岸。只是这名9岁的小女孩没有前面两个孩子那样幸运，因溺水时间过长，已经永远离开了人世。据知情者介绍，溺水者为姐弟三人，被救上岸的两名孩童，女童6岁，男童才3岁。

也许是年纪大了听力不太好，老李说话时，声音很响。不久前，笔者再次拜访他，一旁的邻居告诉记者，老李的身体并不太好，那一次救人之后更是腹泻不止，去卫生院看过两次病。笔者注意到，李巧生在正常站立时，双脚还在不住地颤抖。然而，即便如此，在他人生命遇到危难之时，他依然不假思索地用行动诠释着何为奋不顾身。

（黄明娟）

一名白血病患者，看到有人落水，是救还是不救？他选择了前者。

当时岸边除了他，一个人也没有，他连喊了七八声“救命”都没有人回应。此时，水里的人已经扑腾到了河中间。

人命关天。他迅速脱下自己的衣服，下水救起了落水者。“落水者举手求救的样子，一直在我脑子里，要是我不下水，我一定不会心安。”他说。

他，就是江苏好人——杨克强。

入选纪念证书

杨克强：舍命救下落水女孩

一名白血病患者，看到有人落水，是救还是不救？苏州巨峰电气绝缘系统股份有限公司的杨克强选择了下水救人。2016年3月7日晚上7点左右，在北厍东方村池家湾自然村的市河里，杨克强救起了一名20来岁的女性落水者。

那一年杨克强47岁，住在北厍金鹤绿岛小区。2015年2月，他被查出患有白血病，并在当年9月完成了第一期化疗。为了锻炼身体，每天晚上吃完饭，他都会出去步行一个多小时。

7日晚上6点半，气温已经明显降低，平时和杨克强一起出去步行锻炼的妻子，由于天冷没有出门。当杨克强和往常一样走到池家湾自然村的市河旁时，他听到有人在河里呼救。

当时岸边除了杨克强，一个人也没有。尽管河边上就是村民的房子，但都门窗紧闭，杨克强连喊了七八声“救命”都没有人回应。此时，水里的人已经扑腾到了河中间。

人命关天。杨克强迅速脱下自己的衣服，下水救起了落水者。“落水的是个20来岁的女的，我都没看清楚长什么样。”杨克强把落水者拖到岸边的河埠头后，就赶紧上了岸，因为他知道，自己一旦感冒，也会有生命危险。

“他不能感冒的，如果我和他一起，肯定会想别的办法救人的。”杨克强的妻子说。“那个女的就剩两只手在水上面扑腾，我要是不下水救人，恐怕就来不及了。”杨克强说，如果他去敲门叫人，也许那个女的就沉下去了。

“我听到家里的狗叫得厉害，就开门出来看，结果看到一个人穿着裤衩在岸边冻得发抖，问我借两条干毛巾。”67岁的朱根妹说，事发地就在她家门口。朱根妹赶紧回家拿了两条干毛巾递给杨克强。在擦干身子、穿上衣服后，

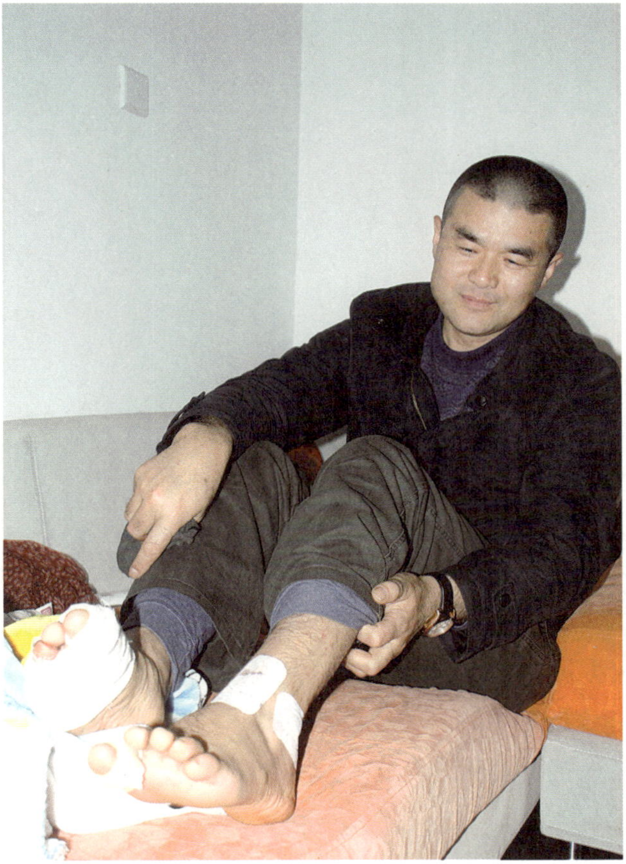

杨克强突然看到地上有很多血，才发现自己的脚被划了很深的一道口子。

于是他赶紧与住在附近的同事联系。得知他的情况后，正在加班的同事立即赶到现场，将他送到区第一人民医院。治疗结束时，已经是深夜11点多。

幸运的是，人救起来了，杨克强也没感冒。“落水者举手求救的样子，一直在我脑子里，要是我不下水，我一定不会心安。”杨克强说。

后来，杨克强见义勇为的事迹在亲朋好友间流传，但杨克强却十分淡然。这件事对他的生活来说就像是湖中被掷入了一颗小石子，泛起涟漪后湖面又重回平静。

如今，杨克强的身体状况良好，仍旧在巨峰公司上班。

（曾凡荣）

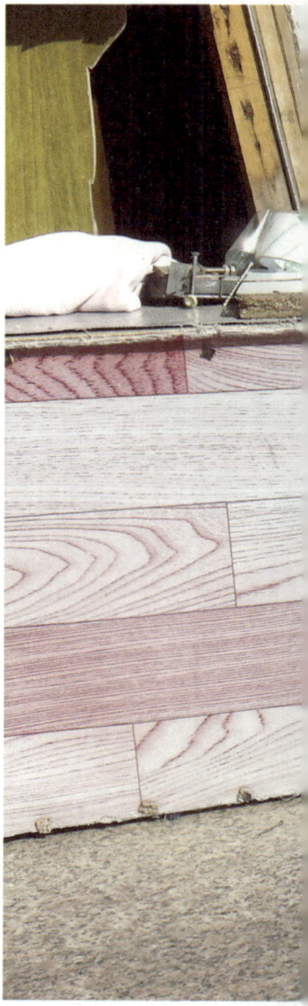

在他的小店外面，放着几张已经做好的凳子。四四方方的厢式板凳，尺寸、大小一模一样。

做凳子的板材，都是他从外面捡回来的。捡回来这些废弃板材后，他会仔细地处理，拔钉子、清洁、消毒，然后画线、锯成块，按照板凳需要的尺寸，把这些板材做成“标准件”，最后拼装。

他做了3年的小板凳，送出去的有1000多张，只要别人来讨，他就会送。

他，就是江苏好人、苏州最美人物——张龙田。

张龙田："板凳爷爷"三年做千张板凳送人

在芦墟老街上，老影剧院的院子里，张龙田的儿子租了一块地方，开了一间卖衣服鞋帽的小店。张龙田和老伴就整天守着小店，做点小生意。

老张是苏北人，来苏南已经20多年了，一直做着服装生意。2014年，老张64岁，进货、补货、清点这样的累活都交给了孩子，老两口只负责卖卖东西，不累也不算太忙。但忙碌了一辈子的老张，却闲不下来，一有空，他喜欢做两件事情：写点文章和制作小板凳。

送出上千张小凳子

在老张的小店外面，放着几张已经做好的凳子。四四方方的厢式板凳，尺寸、大小一模一样。

"做成厢式的，主要是方便放东西。你看，把茶杯、报纸、眼镜放在凳子的'兜'里，怎么也不会弄丢的。"一边做着凳子，老张一边向笔者解释，这些凳子非常适合老年人用。

做凳子的板材，都是老张从外面捡回来的。他常在老街四周逛，看见有房子在装修，或者在拆木板包装，他就把不用的木板边角料捡回来。捡回来这些废弃板材后，他会仔细地处理，拔钉子、清洁、消毒，然后画线、锯成块，按照板凳需要的尺寸，把这些板材做成"标准件"，最后拼装。

老张说，他以前没有接触过木工活，一开始怎么也做不好，为此他虚心求教，并翻书自学。为了把凳子做好，老张特意买了电锯、铁锤等工具，还买了铁砂纸，专门打磨板凳的棱角。

老张做了3年的小板凳，送出去的板凳有1000多张，只要别人来讨，他就会送。有时遇见一些年纪大的顾客，他还会主动送。

借凳子宣传环保理念

笔者发现，老张做好的凳子上，都贴着一张标签，上面写着“环境保护能源珍贵”等字样。

老张说，这些标签都是他自己掏钱印制的，贴在凳子上，是为了提醒大家别浪费，多做有益环保的事情。老张的意思，不是把板凳送出去就完事了，他还想借着小凳子，宣传一下环保的理念。

“以前生活艰苦，要啥没啥，现在日子好些了，也不能浪费啊。”老张说，做这些板凳的初衷，是因为自己捡了不少废弃板材回来，打算废物利用，想来想去，还是做成小板凳最实在。

除了做板凳，老张还利用废物做了不少小玩意。在他的小店前面，有五六块“小菜地”，绿油油的蔬菜在阳光下显得生机勃勃。老张说，这些菜都种在木箱里，箱子也是用废弃板材拼接起来的，再运来泥土，就是一块块木箱“菜地”了。

喜欢写文章唱地方戏

每天早上4点，老张就会爬起来写文章。他是在手机上写的，写满一篇660个字，速度并不快。写好的文字，他通过微信传给打印室，然后存在对方的电脑里，等文章差不多好了，再打印出来。

老张喜欢写诗和小说，已经完工的几个短篇，都是以亲历的事情为故事框架。小说的形式很像章回体，读起来蛮轻松的。“这些文字，可以直接拿来作为评弹、说书的脚本。”芦墟老年大学负责人张俊读后，这样评价。

老张还喜欢唱戏，在采访中，他现场清唱了一段淮剧和豫剧。听了老张唱的戏曲，张俊在一旁叫好，于是想请老张去参加老年大学的聚会，给大家表演地方戏。老张很认真地答应了。

老张因为板凳善举，被邻居亲切地称为“板凳爷爷”。

（刘立平）

2017年7月16日晚，在病床上，病情急转直下的他又一次陷入昏迷，嘴里却一直叨念着什么。就在大家以为他要向亲人嘱托后事时，他却断断续续地说起工作来。

26年如一日，他心中时刻装着群众、想着工作，始终勤勤恳恳、兢兢业业，任劳任怨、开拓进取，敢于担当、甘于奉献，严格自律、廉洁奉公，始终保持一名共产党员的政治本色和优良作风。

他，就是江苏好人、苏州最美人物——周春荣。

区矫正工作
务专题讲座

周春荣：燃烧到生命的最后一刻

2017年7月16日晚，在苏州市第九人民医院22楼的病床上，病情急转直下的周春荣又一次陷入昏迷，嘴里却一直叨念着什么。就在大家以为他要向亲人嘱托后事时，他却断断续续地说起工作来："信访融合司法调解，有新想法，等会我要回单位开个会……"

7月22日17时20分，带着对信访工作的一腔热忱，带着对生活、对家人的无限眷恋，吴江区信访局原局长、党组书记周春荣永远地离开了这个世界，年仅48周岁。

一心为民，时刻装着工作与群众

周春荣1969年6月出生于横扇公社四都村，1991年8月华东政法学院（现华东政法大学）法学专业毕业后，先后到吴江县人民检察院和吴江区司法局工作，2016年11月起任吴江区信访局局长、党组书记，区政府办公室副主任。

26年的工作生涯中，在不同的岗位上，以人民为中心，一直是周春荣坚守的理想信念和坚定的政治立场。2017年2月27日，松陵街道东门社区居民姜绍华来到区信访局找周春荣，反映某拆迁公司对一幢5层楼进行拆除，造成水管损坏，自己和另一位77岁老人家里断水，生活很不便。

周春荣当即表态，不管什么情况都不能影响群众生活。他立即联系相关部门协调，两天后就铺好了临时管道恢复供水。姜绍华说："周春荣没有一点当官的架子，为人和气，办事认真。"

先锋融入，敢于担当勇挑重任

2012年底，当“江苏省先进检察院”的评奖结果公布时，时任检察院副检察长的周春荣和政治处主任沈林通难掩激动心情，拥抱起来。“当时我们相约：拿到全国先进后，哥俩好好喝一杯！”话犹在耳，斯人已逝。说到这里，沈林通泣不成声。

沈林通深知，吴江区人民检察院在12个基层检察院中，一步步甩掉“垫底”的帽子，从苏州市先进到江苏省先进，再到全国先进的艰辛过程的背后，浸润着周春荣长年累月的默默付出。

“他调走的第三年，我们拿到了全国先进。”目标实现了，而同老战友，却已是阴阳两隔。

党建引领，严格要求一丝不苟

2013年12月，周春荣被组织调任至区司法局党委书记、副局长，主抓党建工作。

从办案一线到党建岗位，周春荣很快就调整了思路，虚心向资深党务干部讨教学习，扑下身子去调研。周春荣发现，律师行业的党建工作一直是司法行政系统党建的重点和难点，为此，他把推动律师事务所成立党组织、完善党建制度作为加强司法党建工作的突破口。

在周春荣主持司法局党委工作的3年里，区司法局党委先后印发了《全面加强全区律师行业党的建设的意见》和《律师事务所党支部工作职责》等指导性文件，每年单独下发年度律师党建工作要点。通过理顺管理体制，将非独立支部建制的律师事务所党建归口从“所所联建”改为“归口联建”，成立吴江区律师协会党总支，建立律师党员进出动态核查机制，实现了律师行业党建工作的全覆盖。

廉洁为本，培育勤廉好家风

在爱人丁海红眼里，周春荣是一个浪漫的人，谈恋爱时还会写点情诗。婚后生活在一起，也不用写诗、写信了。可在2009年，丁海红突然接到周春荣的一封信，原来，当年妇联开展“书家信、嘱清廉”征集活动，周春荣借这个机会，感谢妻子丁海红多年来对其工作的理解和支持。

家书中，周春荣写道：“我陪伴在你们母女身边的时间太少，对你们亏欠得太多，心中常常感到很愧疚。”而丁海红情真意切的回信，在当年的书家信征集活动中获得了一等奖。

周春荣同志去世后，吴江区委发出《关于深入开展向周春荣同志学习活动的通知》，并追授他“优秀共产党员”光荣称号。

（吴文）

江苏最美人物

怀抱对家乡的热爱和对丝绸的由衷喜爱，2002年，她放下教鞭，投入实业商海，创办了苏州太湖雪丝绸股份有限公司。

她让太湖雪从一个只有5名工人的家庭小作坊逐步发展成为一家集种植、生产、设计、销售于一体的专业真丝家纺生产企业。

2016年，太湖雪蚕桑文化园正式开园，靠蚕丝被起家的她，用一根丝串联起文、商、旅、农，振兴了千年古镇的蚕丝文化产业，打造出生产、生态、生活相结合的产城新业态。

她，就是全国三八红旗手、全国纺织工业劳模、江苏最美人物——胡毓芳。

胡毓芳：丝花绽放，绘时代芳华

“沟塍堕微溜，桑柘含疏烟。处处倚蚕箔，家家下鱼筌。”每当莺飞草长、桑芽儿开始吐绿，震泽古镇的蚕农们就进入了一年中最为忙碌的幸福季。栽桑做蚕食、结茧盼丰收……这份忙碌成就了千百年来震泽农户的蚕桑情怀。

一张蚕种，一份期待。20世纪70年代末，胡毓芳还不满10岁，最让她开心的事，就是母亲养蚕卖茧领了钱，带她到街上买一些丝绸零料，给她做上几件真丝旗袍。对真丝旗袍的渴望成为胡毓芳最快乐的童年记忆，不成想20年后，丝绸之梦竟在她的心中生根发芽。

頔塘西去路，蚕事胜耕田。回忆起40年前吴江众多养蚕小镇忙于蚕桑的情景，胡毓芳不禁感慨万分：“那时候遍地都是桑树，村里的大部分农户每年都会养上几季蚕。父亲是专门管理桑蚕业的干部，每到蚕事繁忙时，他便会去指导蚕农如何科学养蚕。而我和小伙伴们最喜欢育小蚕的季节，因为我们可以到处去帮忙。”

1987年师范毕业后，胡毓芳投身教育事业，自此被称为“胡老师”，这个亲切的称谓一直延续至今。在师范院校接受的教育与之后的执教经历，对胡毓芳后来为人处世、经营管理企业都颇有裨益。胡毓芳说，她一直很庆幸，丝织业不是简单的制造业，做精做好需要多方面素养的积累。而教书育人的经历给她打下了很好的基础，例如对品牌文化的认知与领悟等。

2002年，怀抱对家乡的热爱和对丝绸这一传统产业的由衷喜爱，胡毓芳走下讲台，投入实业商海，创办了苏州太湖雪丝绸股份有限公司。

在经营企业的18年里，她让一个只有5名工人的家庭小作坊逐步发展成

为一家集种植、生产、设计、销售于一体的专业真丝家纺生产企业，在全国各地拥有200多家专柜和加盟店，产品远销几十个国家和地区。如今，“太湖雪”已入列中国十大丝绸品牌，成功登陆“新三板”，成为苏州蚕丝被第一股，以及全国颇具影响力的真丝家纺企业之一。

逐鹿者不顾兔。创业18年来，即使遇到坎坷，胡毓芳也没有放弃。她始终坚信，她所喜爱的这根丝，蕴藏着巨大的能量。她的坚持让她收获了一次又一次的欣喜，而胡毓芳本人也获得了全国三八红旗手、全国纺织工业劳模等诸多荣誉称号。

企业发展得好了，但胡毓芳始终没有忘记故土，她回忆说：“20世纪80年代末，随着工业化与城镇化进程的加快，传统蚕桑业的发展受到制约，此后随着东桑西移等蚕桑产业发展战略的实施，桑绿蚕肥的景象已经很难规模化地呈现在我们的眼前。外发蚕种减少，吴江本地的蚕场大多难以为继，如今只剩下一家。”

因此，重绘小镇蚕桑繁荣盛景成了她拾起初心、传承文化的动力。

2016年，立足地质地貌、生态资源开发的太湖雪蚕桑文化园正式开园，靠蚕丝被起家的胡毓芳，用一根丝串联起文、商、旅、农，不仅从源头上保证所生产的定制蚕丝被的超高品质，更振兴了小镇的蚕丝文化产业，打造出生产、生态、生活相结合的产城新业态。

"衣被天下，情暖万家。"一根蚕丝，串起"丝绸小镇"的前尘往事，更串起扎根于斯的"太湖雪"今日的绚烂辉煌。40余年的人生经历让胡毓芳感恩这片土地，与时代共同成长的创业实践让她更加坚信心中的蚕桑情怀。

她说，她愿与所有古镇丝绸人一起重拾传承千年的文化自信，为中国丝绸小镇谱写出更恢弘的篇章。

（李静）

苏州最美人物

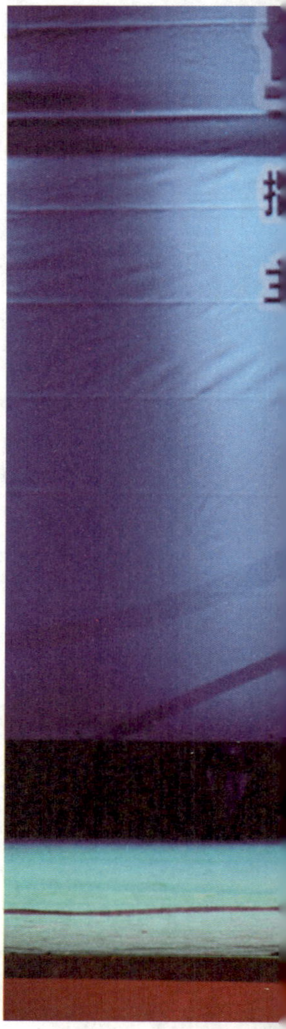

“打工兄弟把歌唱，筑建城市新辉煌，共同富裕心所向，载着梦想回家乡。泪别妻儿爹和娘，举步维艰火车上，肩扛手提去南方，为了梦想闯一闯……”这是他在2015年“打工春晚”上演唱的原创歌曲《打工兄弟把歌唱》。

他喜欢称自己是“修理哥”，不仅是因为自己从事的职业，更因为喜欢这个名号里透出的一点点亲切和一点点霸气。

他，就是苏州最美人物——周宪寿。

平望镇第十届广场卡拉
吴江太湖文化节指导委员
承办
共青团吴江区委
吴江区文化广电新闻
平望镇人民政府

周宪寿："修理哥"唱上"打工春晚"

50岁的周宪寿是河南光山县人，十几年前来到平望镇，开了一家摩托车维修店。喜爱唱歌的周宪寿，经常在自己的修车铺里一边修车，一边唱歌，并且创作了一系列反映打工者生活的励志歌曲。

春晚上唱出心声

"打工兄弟把歌唱，筑建城市新辉煌，共同富裕心所向，载着梦想回家乡。泪别妻儿爹和娘，举步维艰火车上，肩扛手提去南方，为了梦想闯一闯……"这是周宪寿在2015年"打工春晚"上演唱的原创歌曲《打工兄弟把歌唱》。他穿上平时的工作服，以最接地气的状态上台演唱，唱出了打工者的心声。

要问修车的周宪寿，可能很多平望人都不知道是谁；但要问唱歌的周宪寿，很多平望人都要跷起大拇指。镇上的各项文艺赛事，不论是唱歌还是演小品，都少不了他的身影。唱到这份上，很多人都不相信，周宪寿其实是个彻头彻尾的"圈外人"。只有初中学历的他，从来没有接受过专业训练。在周宪寿的修车铺子里，有一台旧电脑，连着一对廉价音响。从早到晚，周宪寿就在这不超过10平方米的铺子里，一边修车，一边跟着电脑里的音乐学唱歌。

后来，周宪寿又凭借一首《我真的很想回家》入选由中央电视台大众生活频道《成功之路》栏目牵头主办的"2017中国农民歌唱家艺术家春节联欢晚会"，同时，他还被组委会评为"时代楷模第十三届爱心中国公益大使"。

坚持唱歌和创作

周宪寿喜欢称自己是“修理哥”，不仅是因为自己从事的这份职业，更因为喜欢这个名号里透出的一点点亲切和一点点霸气。他说：“网上不是很流行这个‘哥’那个‘姐’的吗？这样的称谓很容易让人记住。我已经有很多‘粉丝’了，希望越来越多的人喜欢我的歌，记住平望有个‘修理哥’。”

周宪寿觉得模仿不能表达自己的真实心声，于是，他就开始酝酿着自己写歌。2012年，他把创作的一首原创歌曲《讨工资》上传到网上，三天内点击量就突破了1万。如今他已经写了《想家》《三心二意》等10余首反映自己和进城务工人员生活的励志歌曲。

春晚回来后，从早到晚，周宪寿仍在这铺子里，一边修车，一边跟着电脑里的音乐唱歌。他说：“我会继续创作，平望及周边有文艺汇演和唱歌比赛活动，也都会积极参与。我喜欢在舞台上唱歌，为大家带来快乐。音乐照亮了我的生活。但我仍会经营好这家摩托车修理铺，在这里，我才不会忘记我自己的根，也才能创作出朴实的歌曲。”

用歌声传递真善美

这些年，周宪寿热衷于参加各种文艺汇演和唱歌比赛，多次走进社区，把自己的原创歌曲分享给别人，用歌声传递真善美，为大家带去欢乐。

2018年，周宪寿为导演崔守杰执导的电影《天下父母》的主题曲作词，鼓励人们尽孝道要趁早。

周宪寿经常参加公益演出，为需要帮助的家庭筹集救助资金。平日里遇到有困难的人，他总会伸出援手，尽自己的力量去帮助他们。为老年人免费修车，收留无家可归的流浪汉，照顾生病的邻居，帮身无分文的老人买回家的车票……多年来，周宪寿做过的好事数不胜数。

（蔡铭越）

苏州好人

经人介绍，来自陕西安康的他和桃源广福村一个因骨髓炎被截双下肢的姑娘相恋了。“外地郎”大多希望自己入赘到一个条件优越的家庭，可他却义无反顾地选择了身有残疾的妻子。

只是现实真的有点残酷，婚后他才体会到和残疾人一起生活的辛苦。刚结婚那几年，他的思想也曾动摇过。但良心告诉他：必须好好爱这个家。

“既然我选择了一个残疾的妻子，既然我们已经有了孩子，我就必须承担起一个男人的担当和责任。”

他，就是苏州好人——高久进。

高久进：一个男人的担当和责任

2013年，高久进和妻子荣获吴江区“十大好夫妻”，之后他就成了人们眼里“有良心”“有修养”的好人。每当面对别人的赞扬，他都笑呵呵地告诉他们：“这是应该的。”的确，不管生活是何等的艰辛，既然自己“摊上”了，也就只好咬紧牙坚强面对。

令高久进没想到的是，时隔三年，在同事的热心推荐下，他又入选“苏州好人”，这让他原本平静的心湖再一次掀起了小小的波澜：“准确地说是深感惭愧。毕竟，我不像那些见义勇为者为别人带去帮助，也不像那些慈善者给需要者带去温暖。”他说，他只是承担了一个男人、一个丈夫的义务和责任，没想到不仅被报纸报道，还上了电视。面对荣誉，他告诉自己，要继续加油。

高久进的老家在陕西安康，1995年退伍后来到吴江打工。他被吴江适宜的气候和吴侬软语所吸引，一来就爱上了这里。

经人介绍，高久进和桃源广福村的一个因骨髓炎被截双下肢的姑娘相恋了。“外地郎”大多希望自己入赘到一个条件优越的家庭，可高久进却义无反顾地选择了身有残疾的妻子。“那时我的想法很简单，就是在这里好好工作。至于和残疾人一起过日子将会承受的辛苦，我没想那么多，真的。”高久进的话中透着真诚。

只是现实真的有点残酷，婚后他才体会到和残疾人一起生活的辛苦。因为妻子身体有残疾，除了能做点洗碗、扫地之类简单的家务活外，其他类似洗床单、被套等家务活统统留给了他。“其实，多做家务也无所谓，最令我焦虑的是妻子的身体。”高久进的妻子双腿安装了假肢，假肢经常和肌肉摩擦导致腿伤，伤口时不时会发炎。刚结婚那几年里，高久进陪妻子奔波于上海、

苏州，进出医院成了很频繁的事。

为了让妻子有份事做，有点收入，夫妻俩在家人和乡邻的帮助下开了家小杂货店，而高久进则得到了在桃源派出所当辅警的工作，喜欢写作的他还靠投稿来赚取一些微薄的稿费。后来，女儿出生了。这个三口之家日子不宽裕，但也过得平静和美。

高久进的岳父岳母年老多病，妻子的身体又随时可能突遭病变，为了省钱，高久进戒掉了结婚前喝酒抽烟的习惯，日用开销能省则省，也很少参加朋友聚会等活动。“没办法，我必须得省吃俭用存点钱。”他对笔者说。

结婚20多年来，高久进从不愿向别人讲述自己的妻子是残疾人，因为别人再怎样关心，面对现实的还是自己。“何况人与人的看法不同，也许大部分人会对我的境遇表示同情，但也不排除有一些人可能会说我是‘自讨苦吃’。”

刚结婚那几年，高久进的思想也曾动摇过。“毕竟人生几十年，谁不希望过得更好一些呢？”但良心告诉他：必须好好爱这个家。“既然我选择了一个残疾的妻子，既然我们已经有了孩子，我就必须承担起一个男人的担当和责任。”

（杨隽）

2015年5月25日，对很多人来说只是普通的一天，对他来说却是不平凡的一天。

那一天，他成功捐献了造血干细胞，成为吴江区第6名、苏州市第98名成功捐献造血干细胞的志愿者，并成为吴江农民捐髓第一人。

“我做的都是小事，我相信不管是谁遇到这样的情况，都会和我一样去挽救别人的生命。”他这样说。

他，就是苏州好人——金新跃。

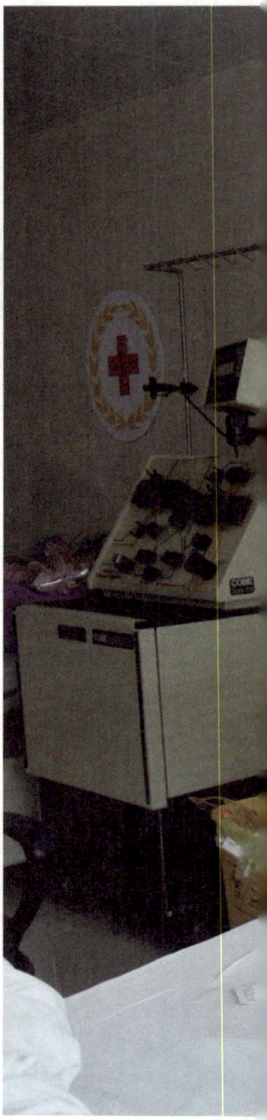

金新跃：生命因助人而精彩

2015年5月25日，对很多人来说只是普通的一天，对金新跃来说却是不平凡的一天。那一天，他成功捐献了造血干细胞，成为吴江区第6名、苏州市第98名成功捐献造血干细胞的志愿者，并成为吴江农民捐髓第一人。“我做的都是小事，我相信不管是谁遇到这样的情况，都会和我一样去挽救别人的生命。”面对笔者的采访，金新跃这样说。

无偿献血多次
配对成功感到幸运

刚过不惑之年的金新跃是汾湖高新区杨文头村村民，目前在东吴农化有限公司工作。在同事和家人眼中，他热心公益、乐于助人，经常向他人伸出援手。

近年来，金新跃参加无偿献血数十次，为社会默默奉献正能量。他把这看作平凡日子里的一点色彩。2012年，在一次无偿献血活动中，金新跃偶然得知捐献造血干细胞可以挽救他人生命，他便当场申请成为志愿者。金新跃说，虽然有不少人都申请加入了志愿者队伍，但很少有人能配对成功，他能成为这少数中的一位，并且成功挽救了他人生命，这让他感到很幸运，也很满足。

“当区红十字会的工作人员打电话告诉我匹配成功时，我不敢相信那个人居然是我，感到既惊喜又激动。”金新跃回忆着。2014年11月18日金新跃初配成功，2014年12月31日进行高分辨采样，2015年3月13日赴苏大附一院进行捐献前体检，2015年5月7日与区红十字会签订了同意书。

获得家人支持
为患者点燃生命之火

“我的妻子和女儿都很支持我，为我感到骄傲。我的父母起初有点担心，但经过我耐心解释、劝导，他们也明白了捐献造血干细胞不会对身体造成伤害，便都赞同我捐献。”那段时间，为了提高自身免疫力，保证造血干细胞采集顺利进行，金新跃每天加强身体锻炼。

2015年5月25日，金新跃在苏大附一院顺利完成了造血干细胞的采集。采集的时间里，志愿者必须躺在床上一动不动，否则碰到输血管会影响采集进程。就这样，金新跃保持着同一个姿势在病床上躺了3个多小时。

采集完成后，又经过一段时间的等待，经检测，金新跃的造血干细胞符合要求，不用进行第二次采集。他长舒了一口气，他实现了他的捐髓志愿，为远在广东的一名白血病患者点燃了生命之火。

光荣事迹被传颂
献爱心会一直坚持

在成功捐髓以来的3年多里，金新跃的事迹一直被村民传颂，而每当谈及此事，不善言辞的他总是笑笑说，这是他应该做的，不足挂齿。

“成功捐髓后，我获得了很多荣誉，有点措手不及。很多人问我，你怎么有这么大勇气，我不知道怎么回答，只能说：‘我本来就胆大嘛！’其实细想起来，应该是区红十字会工作人员背后默默的服务与付出，让我觉得很安心。至今，他们温暖的气息还一直包围着我，让我觉得助人是最美好的事。”金新跃告诉笔者，捐献造血干细胞以来，他更加关注红十字方面的信息，每当看到又有志愿者成功捐献的信息，他也会深受鼓舞。

同时，身边开展的献血活动，他依然会前去。他说，将自己的小爱化作社会的大爱是一件值得坚持的事。

（吴菲）

躺在病床上，看着殷红的血液从左手臂静脉处缓缓流出，输入一侧的血细胞分离机，他的神情中没有一丝害怕。

2012年3月7日，他留取血样加入中华骨髓库。本是无心之举，后来却因为一件事，使得捐献造血干细胞成了他的夙愿：师父的女儿不幸罹患白血病，一个原本幸福美满的家庭从此失去了欢笑。

“他们的绝望，深深刺痛了我。但我什么忙也帮不上，真的非常无力。”于是，他在心中默默许下承诺：如若将来有人需要他捐献造血干细胞，他绝不退缩。

他，就是苏州好人——李岗。

李岗："有人需要我捐髓，我绝不退缩"

2017年4月18日上午，在苏州大学附属第一医院血液科细胞采集分离室，经过3个小时的紧张采集，李岗顺利完成造血干细胞捐献，成为吴江区第10例、苏州市第126例造血干细胞成功捐献者。

了结夙愿

躺在病床上，看着殷红的血液从左手臂静脉处缓缓流出，输入一侧的血细胞分离机，李岗的神情中没有一丝害怕。他坦言，捐献造血干细胞是自己的夙愿，如今心愿已了，内心十分地轻松。

出生于1982年的李岗是松陵人，现为苏州农村商业银行员工。2012年3月7日，他留取血样加入中华骨髓库。

"当时是参加单位组织的献血活动，红十字会工作人员正好在宣传捐献造血干细胞知识，招募相关志愿者。我想着无非是多抽几毫升血，却有机会救人一命，就填了资料采样入库。"

本是无心之举，后来却因为一件事，使得捐献造血干细胞成了李岗的夙愿：李岗师父的女儿不幸罹患白血病，一个原本幸福美满的家庭从此失去了欢笑。"他们的绝望，深深刺痛了我。但我什么忙也帮不上，真的非常无力。"于是，李岗在心中默默许下承诺：如若将来有人需要我捐献造血干细胞，我绝不退缩。

一种缘分

仿佛是冥冥之中自有安排，2016年2月15日，李岗与一名患者初配相合，但因患者个人原因，捐献工作终止。让人意外的是，2016年11月1日，李岗再次与一名患者初配成功，并于同年12月26日参加高分辨采样，次年1月17日在苏大附一院进行捐献前体检，他被确认符合捐献条件。

2017年4月6日，李岗在《捐献造血干细胞同意书》上庄重地签下了自己的名字。“得知再次初配相合，我觉得十分幸运。听说配型成功的概率是几十万分之一甚至几百万分之一，能和素不相识的陌生人配型成功，是一种缘分。”李岗笑着说，当初许下承诺，到了兑现的时候肯定要积极配合，希望世间少一点痛苦，多一点欢笑。

动员亲朋

在合格通过高分辨采样、体检等一系列程序后，2017年4月13日，李岗前往苏州大学附属第一医院广慈分院，进行为期四天半的造血干细胞药物动员剂注射。注射动员剂后，人或多或少会出现一些不适反应，李岗主要表现为脊椎酸胀，但症状较轻，并未出现过激的不适反应。

2017年4月18日8时30分左右，李岗从广慈分院转至苏州大学附属第一医院本部正式进行造血干细胞捐献。至上午11时30分，他成功捐献出约220毫升含有造血干细胞的混悬液。经过数小时的检测，这些混悬液所有指标均合格。

成功捐髓后，李岗不忘现身说法号召身边的亲友支持捐髓事业。在李岗的鼓励下，他的侄子和二舅如今也加入了中华骨髓库。“捐髓救人是一件善事，希望通过我的努力，更多人能了解捐髓，并加入这个大团体中。”李岗说。

（周成瑜）

他老家在呼和浩特，14年前来到吴江芦墟打工。3年后，他离开工厂，在芦墟老街上租了间小店面，做起了家电维修。

与老街上的居民渐渐熟悉起来后，他发现老街上独居老人比较多，一旦家里遇到些小状况，很难找到人来维修，生活受到困扰。平时待人热心的他了解后，便主动上门为老人们解决这些小麻烦。

11年来，到底帮助过多少独居老人，他自己也记不清了。

他，就是苏州好人——赵玉平。

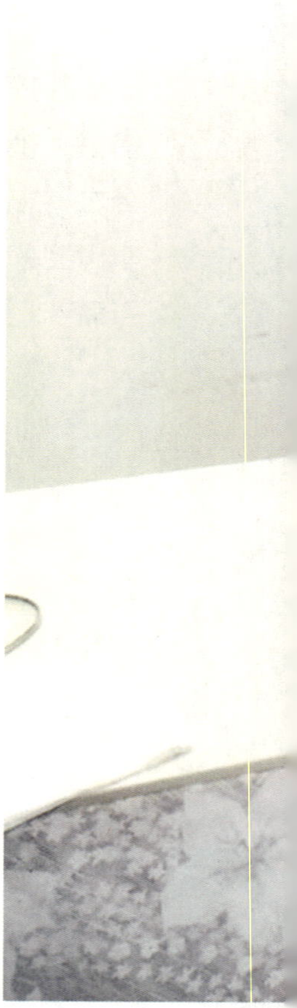

赵玉平：十余年为独居老人做志愿服务

1982年出生的赵玉平，老家在呼和浩特。13年前，赵玉平来到吴江芦墟打工，在一家厂里上班。11年前，他离开工厂，在芦墟老街上租了间小店面，做起了家电维修。

与老街上的居民渐渐熟悉起来后，他发现老街上独居老人比较多，一旦家里遇到些小状况，如水龙头坏了、电灯不亮了，很难找到人来维修，生活受到困扰。平时待人热心的赵玉平了解后，便主动上门为老人们解决这些小麻烦。

帮忙的次数多了，赵玉平就想，干脆成立一个服务独居老人的志愿组织，方便老人们找到志愿者。

独居老人的免费维修工

年过八旬的王荣生与老伴住在芦墟老街上，住的房子是公房，年代久了，线路老化，常常出问题。自从赵玉平得知这个情况后，他就成了老夫妻俩的免费维修工。

“我母亲在老家，身体虽然不太好，可多年来，一直在帮助邻里那些年纪更大的独居老人。”赵玉平解释，自己帮助独居老人的想法来自母亲，“母亲都这么做了，作为儿子更应去做。”

“这家住的是袁大爷，收音机坏了，我给他修的。”“这家住着一位老奶奶，姓什么想不起来了，电线、水龙头都是我帮她修的。”“沈全妹老奶奶就住这屋，前两天蒙窗子的塑料膜破了，冷风呼呼地吹，我帮她换了玻璃，也修了一下木框。”

对于老街各条弄堂里的独居老人，赵玉平都很熟悉，而且知道他们经常遇到的小麻烦。

帮小忙解决大麻烦

11年来，到底帮助过多少独居老人，赵玉平自己也记不清了。

他后来专门制作了一个明细表，把老人们的联系电话和维修事项一一记录下来，每隔一段时间便逐一上门回访，查看维修效果。“有时候，修好的东西又坏了，但老人怕麻烦我，就不吱声。”赵玉平说，有了明细表，他就可以逐一回访了。

2015年夏天，赵玉平跟老街上很有名气的太极拳“教头”杨来顺学打拳健身。“杨师傅是一个极好的人，有人来学拳，她从不推辞，而且免费教。”赵玉平说，杨师傅的善心，让他更坚定了自己帮助独居老人的信念。

芦墟关工委负责人张俊得知赵玉平的想法后，主动当起他的“联络员”。张俊久居老街，熟悉街上独居老人的情况。“老街上独居老人很多，遇到灯坏了、马桶漏了，往往求助无门。”张俊说，别看赵玉平只是帮了一下小忙，可对独居老人来说，是解决了大麻烦。

成立志愿服务团队

老街附近的年轻居民，知道了赵玉平帮助老人的事后很是佩服，不少人表示愿意跟他一道帮助老人。在张俊的支持下，2016年年底，“独居老人服务站”成立了，吸引了4名志愿者加入，可为独居老人提供水电维修、家电维修、打扫卫生、洗衣洗菜等志愿服务。

“赵玉平非常有爱心，尽管自己生活不易，但还去帮助老人，我们都蛮感动的。希望我们能和他一起，帮助更多的独居老人，为社会献爱心。”风华志愿者顾学敏说。

（刘立平）

退休前，他是热心公益的机关干部；退休后，他成了志愿者队伍中的“寻亲达人”。

因为历史原因，20世纪60年代末70年代初，江南农村地区有大量的孩子被送养，其中被送往山东的居多。半个世纪过去了，这些被领养的孩子已步入中年，他们中的很多人都有一种寻根情怀。

2016年春天，因为一个偶然的机会，他成了一名寻亲志愿者。四年来，他帮助过285人寻亲，其中有28人成功找到了亲人。

他，就是苏州好人——朱学明。

朱学明：四年助28户家庭团聚

他叫朱学明，震泽人，今年62岁。2016年春天，因为一个偶然的机会，他成了一名寻亲志愿者。四年来，朱学明帮助过285人寻亲，其中有28人成功找到了亲人。

机缘巧合
他义务帮助寻亲

2016年初，一次外出学习让朱学明爱上了人文摄影。人文摄影的难点之一是选题，也是朱学明一段时间内一直在思索的问题。

因为历史原因，20世纪60年代末70年代初，江南农村地区有大量的孩子被送养，其中被送往山东的居多。半个世纪过去了，这些被领养的孩子已步入中年，他们中的很多人都有一种寻根情怀。团聚就是很好的人文题材，朱学明突然眼前一亮。

当年春天，有网友在东太湖论坛发帖寻亲，朱学明因此结识了浙江的一名寻亲志愿者汪鱼，并开始接触寻亲公益活动，主动承担起了吴江及周边地区的寻亲事宜。

2016年5月，朱学明看到一则寻亲启事：山东男子李某想寻找震泽金星村的亲人。他立即赶赴金星村了解情况。根据线索，朱学明找到了疑似李某姐姐的黄某，得知其家中曾经送走过一个孩子，送养信息被记录在一张纸条上。但其母亲已经去世5年，不知道那张纸条被母亲藏在了哪里。

黄某一番寻找，最后在一个箱子的底部找到了这张纸条，她这才想起母

亲去世前一直望着那个大箱子。后经DNA比对，李某与黄某确为姐弟。幸运的是，两人的父亲还健在。

2016年中秋节，李某带着全家从山东赶来与亲生父亲团聚。见面的那一刻，父子俩抱头痛哭。由于颈椎病发作，朱学明头晕不已，但他扶着墙，坚持拍下了一组令人动容的照片。

奔波千里
他的感动来自坚持

打开朱学明的“秋波心影”微信公众号，点击“秋波公益”，里面记录着几十条寻亲信息，每一条都是朱学明自己编辑上传的。收获了帮助寻亲的感动后，朱学明开始借助网络平台志愿帮助他人寻亲。

朱学明的工作就是尽可能地帮助寻亲者找出更多的信息。进村、社区打听，去当地派出所咨询，成了朱学明日常生活中的“家常便饭”。三年时间，他的脚步从震泽出发，踏过七都、平望、桃源乃至上海、浙江、辽宁、山东等很多地方。最远的一次，他自驾来回了1200公里，只为核实一个寻亲人的信息。

2017年11月，山东临沂的罗某请求他帮助寻找在浙江菱湖的亲人，但线索模糊，很多信息和菱湖的疑似亲人有出入。为了求证，2018年1月31日一大早，朱学明自驾前往山东临沂。朱学明还清晰地记得，当时的气温特别低，虽然大雪已停，但路面结冰严重。在驱车7个小时后，他到了罗某家。在核实了罗某提供的信息后，朱学明第二天就驱车返程，结果途中还发生了追尾事故。

一种信念
他希望传递人性温暖

之前，有个山东的寻亲者请朱学明帮助寻亲，由于线索明确，朱学明很快找到了其哥哥。当朱学明提出要双方做DNA比对时，哥哥却一口回绝了，并坚称搞错了。

“我虽然不认同他的做法，但也能理解。”对于被寻亲家属的拒绝，朱学明总会对寻亲者撒下善意的谎言：“对不起，我没找到。”

朱学明认为，寻亲是为了让血脉再次相连，不能掺杂利益。寻亲途中，他有自己的准则：寻亲者和被寻亲家属在决定相认前，他绝不透露对方任何的背景信息。

三年时间，朱学明拍摄了大量的寻亲题材的照片，每一张“全家福”背后都是他的劳动成果。不过，也有很多人质疑：花精力、花时间，还倒贴钱去帮助跟自己毫不相干的人寻亲，到底图什么？甚至还有人直接问他是不是职业寻亲的。

对此，朱学明这么回答：我图的就是那份感动，我希望我的照片能传递一份人性的温暖。

（张婷）

他在骑电动车给摔坏腿的父亲送饭时，不小心碰擦了一辆轿车。

虽然车主不在，也没有目击者，但他并没有一走了之，而是回到家里取了纸笔，在轿车雨刮器上留了一张小纸条——“我碰了您的车，请联系我！”

“男子汉大丈夫，碰了别人的车就要负责任。”他说。

母亲智力缺陷，父亲患胃癌，他家不宽裕，但他加入了一些公益组织，资助了贵州印江县一个五年级学生最近两个学期的学费。

他，就是苏州好人——杨建新。

杨建新:“我碰了您的车,请联系我!”

2016年11月7日,很多震泽人都在点赞、转发一条微信朋友圈信息:苏E5**TX车主,今天中午本人骑电动车带个轮椅经过您车子的时候,在避让对面来的车时不慎把您的车身左侧碰了一下,具体哪里我也不清楚了,也在您车的雨刮器上留纸条了,如果您看到了,请联系我!给您添麻烦了!我的电话18052****,杨。

碰擦轿车留纸条

发这条微信朋友圈信息的人叫杨建新,当时是苏州辑里丝绸有限公司的一名员工。8日,苏州辑里丝绸有限公司总经理朱文超带着笔者找到了杨建新。“他家是低保户,母亲智力缺陷,父亲患了胃癌,家里非常困难。”朱文超说。

杨建新说,他每天都从公司食堂打饭送回家。7日上午,父亲在医院挂水,他就先去医院接父亲,随后骑电动车带着父亲的轮椅回家,开到震泽横街的时候,为了避让对面的一辆轿车,不小心碰擦了一辆黑色丰田轿车。

“当时车主并不在车内,旁边也没有人看到,我等了一会,也没有等来车主,就回家拿了纸笔,写了一张小纸条留在轿车的雨刮器上。”杨建新告诉记者,随后,他又在自己的微信朋友圈发了上面那条信息,希望更多人能够看到、扩散这条信息,让车主看到。

责任担当引人赞

既然车主不在，又没有目击者，为啥不一走了之，要留张小纸条，还要发信息在微信朋友圈？

“男子汉大丈夫，碰了别人的车就要负责任。”杨建新说。

“他是个很有责任心的人，他家里条件比较困难，父母又都身体不好，全家都靠他撑着。”朱文超介绍，自杨建新的父亲腿摔坏后，杨建新已经连续几个月每天从公司食堂打饭送回家，风雨无阻。

在公司里，杨建新也是出了名的老实人，虽然家庭条件不好，但他自学了电脑实用技术。平时公司里电脑、网络方面的事情都由他义务负责，同事们的电脑如果坏了，他也经常帮忙修理。

杨建新告诉记者，在接受采访之前，他又特地去事发地看了一下，发现轿车已经开走了，车主也没有联系他。“可能是车主看我态度比较诚恳，再加上碰擦并不是很严重，就算了。”杨建新说。

做公益帮助他人

2018年，杨建新的父亲去世了，66岁的母亲虽然身体康健，但生活不能自理，全靠杨建新照顾。“去年，我换了工作，但还是在蚕丝行业里。作为‘80后’独生子女，孝老爱亲天经地义，我会像照顾孩子一样把母亲照顾好的。”杨建新说。

这些年来，杨建新还加入了一些公益组织，主要为孩子们提供公益服务，他常常穿着公益马甲和孩子们打成一片。他还加入了面包树公益群，资助了贵州印江县新民小学一个五年级学生最近两个学期的学费。

“其实，我只是做了应该做的事。被评为‘好人’后，我更加觉得除了照顾好自己的小家庭，对社会上需要帮助的人也要伸出援手。我希望贫困地区的学子也能像我自己的孩子一样，吃饱穿暖读得上书，健康快乐地成长。”

（李伟　蔡铭越）

他刚把车子开出车库，就听见不远处传来“快来救人啊！”的疾呼。他连忙向出事地点驶去，见一辆垃圾回收车旁边有几位老人在呼喊，定睛一看，回收车后面竟然夹着个人。

他凭借敏锐的观察力和果断的判断，使出全力，在几位老人的共同努力下，救出了环卫工，再运用在部队学习过的急救知识，为其做扩胸救护。当天下午，放心不下的他又驱车来到医院。

当得知伤者虽已脱离危险期，但还要在ICU里观察5~7天时，他立马掏出了身上仅有的500元钱递给其家属，嘱咐伤者安心养伤。

他，就是苏州好人——董红星。

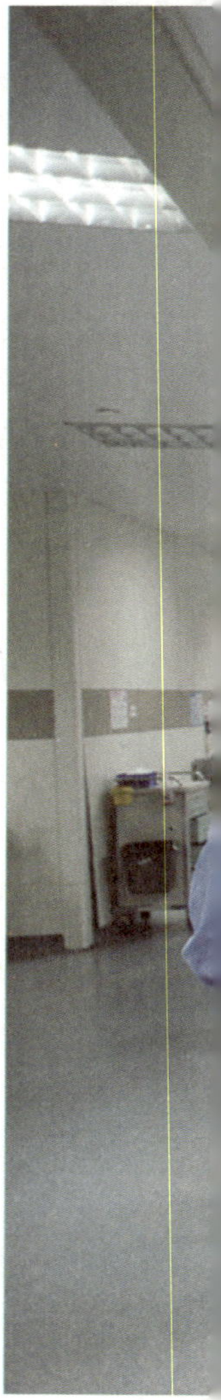

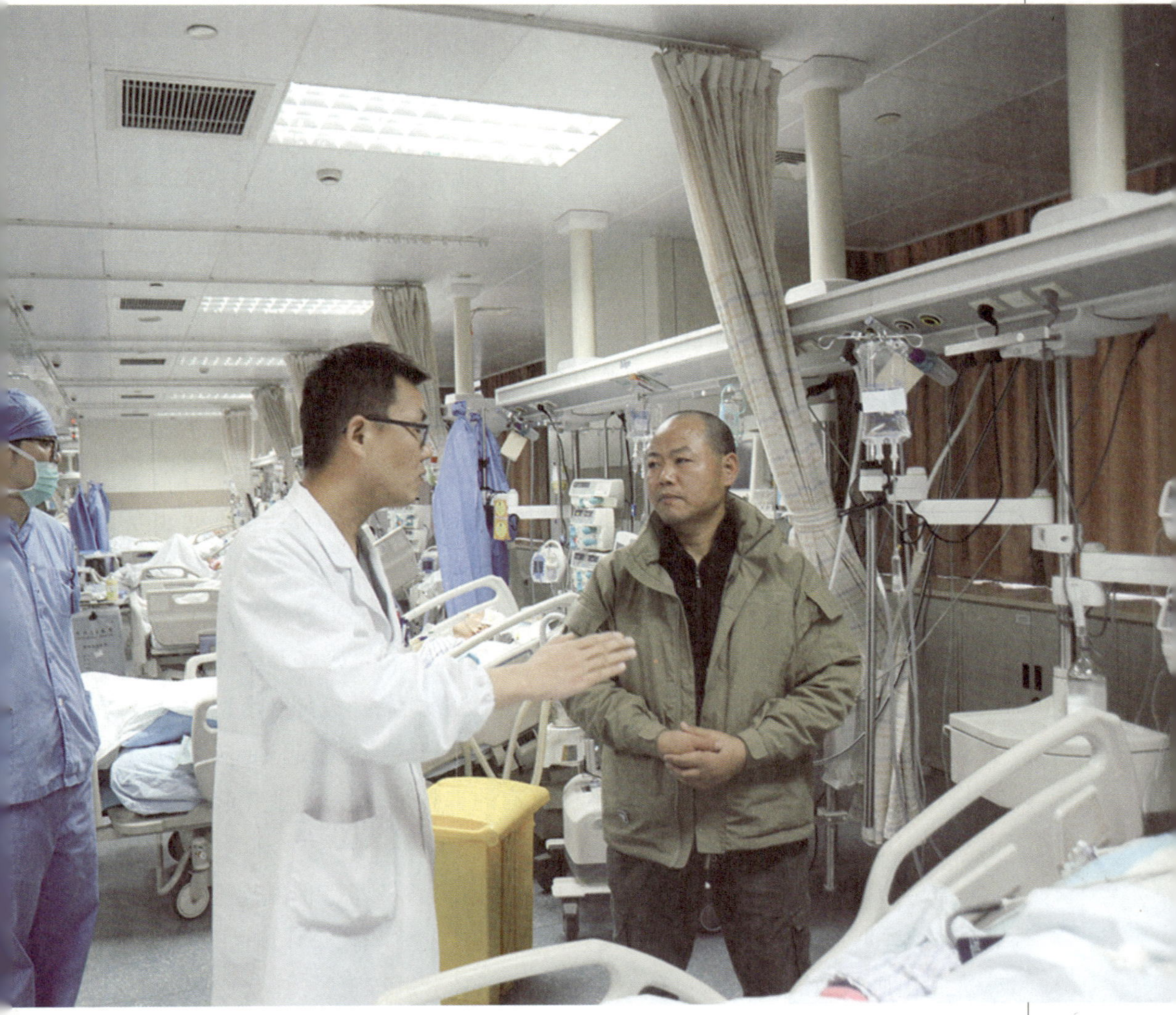

董红星："红星"灿灿暖胸怀

2017年12月1日早上8时许，在吴江开发区吴越领秀小区内，环卫工人王义有在垃圾回收车挡板后方探身到车内拿东西时，身体左侧无意间触碰到了开关。液压型的机械臂挡板迅速闭合，导致其窒息。危急时刻，居住在该小区的董红星正好开车经过，他及时伸出了援手，实施精准抢救，挽回了一条生命。

当时，董红星正好下楼到车库取车去上班，刚出车库，他就听见不远处传来"快来救人啊！快来救人啊！"的疾呼。他连忙向出事地点驶去，见一辆垃圾回收车旁边有几位老人在呼喊，定睛一看，回收车后面竟然夹着个人。

董红星迅速将车靠边停好，冲了过来，凭借敏锐的观察力和果断的判断，一只脚踏住车后底板，双手抓住挡板，用力掀动。后挡板是液压型的机械臂，董红星使出全力，与几位老人共同努力，终于把后挡板掀起。他叫旁边的人搭把手，同时自己顺势一只手拎起王义有的裤腰带，另一只手托起王义有的头部，让王义有慢慢平躺在地上。

董红星曾在部队接受过短期急救知识培训，通过观察，他发现王义有已没有了自主呼吸，心跳微弱，面色发紫，舌尖已被咬破，有3个牙齿血印，但并未大量出血，口腔中有微痰。他意识到如果不马上进行急救，王义必将有生命危险。因挤压伤病人不能做胸部按压，为防内脏受损，董红星立马抓住其左右手，中指掐住其双手虎口处的合谷穴，帮其缓慢做扩胸运动。见王义有口中有泡沫吐出，董红星帮其擦干净后，继续帮其做扩胸等动作，大约一分半钟后，王义有渐渐有了呼吸。董红星停止了扩胸救护，换用双手拇指依旧掐住其合谷穴，不一会儿，王义有脸色开始好转，随后，呼吸的声音渐强。

约10分钟后，110警车和120救护车同时到达，董红星与民警和医务人员

一起将王义有抬上了担架，推上了车，并讲述了事发经过和救助过程。

当天下午3时许，放心不下的董红星又驱车来到医院。正好当时王义有的家属也在医院，董红星得知王义有虽已脱离危险期，但还要在ICU里观察5~7天，立马掏出了自己身上仅有的500元钱递给了其家属，并嘱咐伤者安心养伤。

1969年出生的董红星，在部队当兵16年，2004年转业到地方，一直从事武装工作，现任职于松陵镇武装部，主要负责民兵预备役和征兵动员工作。喜欢太极的他，平时是一个遇事不急不躁的人。在同事眼中，他总是一副欢乐的样子，特别喜欢管“闲事”。

对于为何能勇救伤者，董红星只是淡淡地说：“我只是一个普通人，相信很多人看到这种情况，也一定会伸出援助之手，更何况作为一名转业军人，我只是做了我应该做的。如果当时我不伸出援手帮一把，我肯定会后悔的。再说，平时我比较注重积累急救这方面的知识，同时也一直在坚持锻炼，所以正好派上了用场！”

（俞根林 徐丁）

2017年5月4日，对她来说是一个节日，青春的节日，她前往苏大附一院进行造血干细胞捐献准备；5月9日，她成功捐献了224毫升造血干细胞混悬液，为一名“80后”白血病女患者带去生的希望。

1994年出生的她是吴江首位“90后”捐髓志愿者，也是吴江医疗系统捐髓的第三人。她用爱和行动诠释着伟大的南丁格尔精神，也展现出了“90后”的责任和担当。

她，就是苏州好人——马佳丽。

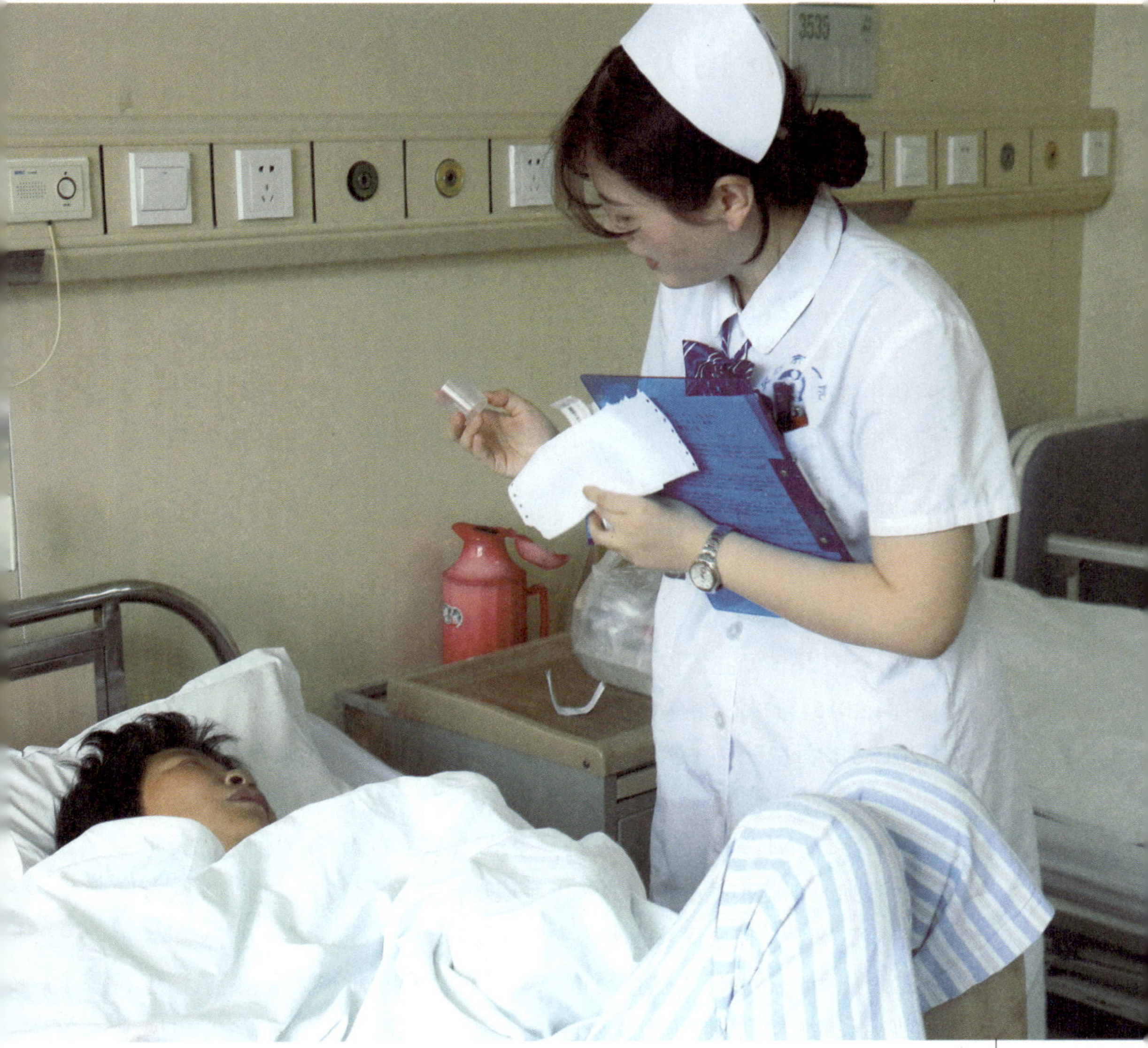

马佳丽：南方有“佳丽” 大爱倾江城

马佳丽是苏州市第九人民医院甲乳外科的护士，震泽镇八都社区人。1994年出生的她是吴江首位“90后”捐髓志愿者，也是继吴光、张波之后，吴江医疗系统捐髓的第三人。同时，她也是吴江区第11名、苏州市第127名成功捐献造血干细胞的志愿者。

她是救人的“天使”

2015年，马佳丽在医院组织的一次献血活动中，自愿留了血样加入中华骨髓库；2016年11月，她有幸与一名患者初配相合，这让她感到既意外又兴奋；2016年12月12日，她接受了高分辨采样；2017年2月6日，她在苏大附一院平江分院通过体检。

2017年5月4日，对马佳丽来说是一个节日，青春的节日，她前往苏大附一院进行造血干细胞捐献准备；5月9日，她成功捐献了224毫升造血干细胞混悬液，为一名“80后”白血病女患者带去生的希望。

这位患者在感谢信里这样写道：“是您的无私奉献与大爱，给了我活下去的机会和希望。”马佳丽用爱和行动诠释着伟大的南丁格尔精神，也展现出了“90后”的责任和担当。

她是爱岗敬业的好护士

2014年，马佳丽从学校毕业后，毅然选择回到吴江，进入九院，成为甲乳外科的一名护士。在这个年轻而有朝气的科室，13名护士里有5个是“90后”。护士长周桂香常笑着说：“年轻人有年轻人的优势，干活时手脚勤快，学东西速度快，工作氛围更是轻松、愉快。”她评价说，马佳丽是一个有责任心、有爱心的“90后”女孩，工作上也认真努力，能够用捐髓的实际行动传播正能量，给广大“90后”和医护人员起了很好的带头作用。

“我喜欢这份工作，就要做好它。”正是因为有这种好学上进的坚韧精神和对提高护理能力的执着追求，如今的马佳丽已经可以独当一面。在日常的护理工作中，马佳丽勤勤恳恳、耐心细致，照料病人们的同时也能和他们相谈甚欢，遇到病房里有本地阿姨，马佳丽还会用一口流利的方言叮嘱她们注意药物的用量等细节。

从事护士职业的5年多来，马佳丽深深感受到护士是最贴近病人内心的人。在无数次看到病人们在手术和病痛中受尽折磨后，她更加体会到生命的宝贵。“作为医护人员，我有更多的机会和责任去救助他人。”马佳丽说。

心怀小家和大爱

平日里，马佳丽也会参与献血捐髓的公益宣传活动，呼吁更多的人加入志愿者的行列。“很多人害怕捐髓会影响身体健康，但作为医护人员，我深知捐髓和献血差不多，创伤小，身体很快就能恢复。”作为“爱心大使”的马佳丽在2018年的“世界献血者日”宣传活动中说。

当年11月，2018江苏好青年百人榜入选名单出炉，马佳丽成功入选“崇义友善好青年”，成为吴江青年里备受瞩目的一位。2018年对马佳丽来说，是一个特殊而有意义的年份。这一年里，她领证结婚成为一名妻子，还诞下了可爱的女儿，成为一名母亲。

“做了妻子和妈妈后，责任更重了。除了认真工作、承担社会责任外，家庭责任也很重要，家庭美满、陪伴孩子成长，是我一直努力的方向。”马佳丽笑着说。如今，在马佳丽的微信朋友圈里，经常可以看到她和丈夫、女儿的生活点滴，其家庭的温馨、孩子的成长，引来不少同龄人欣羡。

（蔡铭越）

38岁的他来自河南，性格温和、语言不多身上充满正能量。

2016年7月的一天，在盛泽工作的他接到中华骨髓库工作人员的电话，称他与一名白血病患者初配相合，询问他是否愿意继续进行高分辨筛查。他二话没说就同意了。

“几百万分之一的可能都让我赶上了，我觉得是一种无与伦比的幸运。”当他得知，与他初配成功的是一名20多岁的急性白血病男性患者时，就更坚定了想法。

他，就是苏州好人——马如意。

赴宁捐献造血干细胞欢送仪式
光荣的捐

马如意:“救人一命,我定当义无反顾”

2019年开春上班后,马如意乘坐十多个小时的大巴车,从河南周口再次返回盛泽,继续在“老东家”江苏盛恒化纤有限公司工作。

马如意在盛恒化纤干了3年,从一名普通的一线工人升到如今的加弹车间值班长,平时主要负责协调班组人员工作、维持生产秩序,并按要求完成公司的生产指标,确保产品质量。

38岁的马如意性格温和,话不多,充满正能量。2017年,他义无反顾,成功为一名白血病患者捐献骨髓。虽然时隔两年,但每每说及此事,马如意依然记忆犹新。

加入中华骨髓库
成为捐献志愿者

马如意20岁中专毕业后,当过快递公司送货员,也进过电子厂当机械工。2005年,马如意在绍兴柯桥开始接触纺织业,一步步脚踏实地,到如今成了一名业务骨干。

2014年,因为父亲身患胃癌,马如意回到家乡照顾父亲。马如意的父母都是普通工人,为人都很正直,马如意也继承了父母的淳朴和善良。

热心肠的马如意告诉笔者,工作十多年来,但凡遇到单位组织献血,他必定会参加,献血次数已经记不清了。2014年,在老家照顾父亲的马如意得知捐献造血干细胞可以帮助白血病人,在之后的一次无偿献血中,马如意填写了申请表,加入中华骨髓库,成为一名造血干细胞捐献志愿者。

"希望有一天，可以用自己的造血干细胞挽救他人的生命。"马如意说。

在激动与不安中
坚持选择救人一命

2015年3月，马如意到盛泽工作，在江苏盛恒化纤有限公司担任车间值班长。2016年7月的一天，马如意接到中华骨髓库工作人员的电话，称他与一名白血病患者初配相合，询问他是否愿意继续进行高分辨筛查。

马如意二话没说就同意了。"听说没有血缘关系的话，配型成功率最低只有几百万分之一，我感觉很幸运，因为我可以用自己的造血干细胞挽救他人的生命。"

所以，当马如意接到这个电话时，他心里既激动又不安。激动的是，终于可以捐献造血干细胞，挽救一个病人的生命；不安的是，母亲和妻子都担心他的身体。马如意与妻子商量一番后，最终妻子同意了。

"我们都觉得能配上不容易，救人要紧。"2016年8月，马如意在吴江做了高分辨采样，同年11月，又在苏大附一院通过了体检。2017年1月，马如意在"捐献造血干细胞同意书"上签了字。

愿大家加入捐献队伍
让更多人重获生的希望

"几百万分之一的可能都让我赶上了，我觉得是一种无与伦比的幸运。"当马如意得知，与他初配成功的是一名20多岁的急性白血病男性患者时，更坚定了想法。

通过高分辨采样、体检等一系列程序后，马如意于2017年1月13日前往东南大学附属中大医院捐献造血干细胞，成为全国第6251例、吴江区第8例、盛泽镇首例造血干细胞成功捐献者。

面对来自四面八方的诸多褒扬，并不善言辞的马如意始终是那句话："希望社会上有更多的人加入中华骨髓库的捐献队伍，去挽救更多人的生命。"

（陈静）

生于20世纪50年代的他从小就喜欢听英雄故事。革命先辈为了国家富强、人民安居乐业而抛头颅洒热血的大义让他敬慕不已，也在他心中种下了“为人民服务”的种子。

他靠着一辆自行车，踏遍了社区的角角落落，也和社区居民建立起了广泛的联系。退休后也没有得闲，因为社区居民的高度信任，他自然而然地继续承担起了纠纷调解工作。2014年，老娘舅党代表工作室成立。

他，就是苏州好人——邱云观。

共产党员岗

邱云观：乐于助人的社区“老娘舅”

在松陵街道东门社区，有这样一位老同志。他曾在社区党总支、党委书记任上干了12年，其间兢兢业业、勤勤恳恳，奔波在大街小巷，为居民的幸福生活尽心尽力。退休后，他也没有放下肩上的担子，依旧活跃在基层矛盾调解的一线，继续发挥余热，用自己的工作经验为群众排忧解难。他就是东门社区原党委书记、现松陵街道老娘舅调解工作室负责人邱云观。

邱云观生于1953年，从小就喜欢听英雄故事。革命先辈为了国家富强、人民安居乐业而抛头颅洒热血的大义让他敬慕不已，也在他心中种下了“为人民服务”的种子。19岁时，邱云观应征入伍，在人民子弟兵的行列中，为保家卫国贡献了自己的青春。

邱云观在部队一待就是18年。1990年，带着对军营的不舍，邱云观转业回到吴江，进入了当时的县物资局工作。2001年，他又调任至太湖新城东门社区，任党支部书记。

由于曾在部队从事过群众联系工作，调解过军地之间的纠纷，社区工作并没有给邱云观带来太大的压力，反而让他有了一种亲切感，或者说是一种重操旧业、跃跃欲试的兴奋感。邱云观靠着一辆自行车，踏遍了社区的角角落落，也和社区居民建立起了广泛的联系。同时，邱云观还积极组织开展各种活动，加深社区居民之间的联系。他心中是这么想的：“大家多沟通，都熟悉了的话，邻里之间的矛盾自然就少了。”

退休后，邱云观也没有得闲。因为社区居民的高度信任，邱云观自然而然地继续承担起了纠纷调解工作。2014年，老娘舅党代表工作室成立，邱云观成了一名专职“调解员”。工作室每年调解的纠纷有100多起，其中多数都是在

邱云观的努力下解决的。

在邱云观参与过的纠纷调解工作中，有一个案例让他印象十分深刻。在东门社区，有一户人家有8个子女，其中7个是姐姐，最小的是弟弟。因为父母已过世，房产证上写的是母亲的名字，因此8个子女均有权继承这项拆迁财产。考虑到最小的弟弟经济条件一般，又尚有一子，4个姐姐答应将拆迁置换的商品房让给弟弟，但另外3个姐姐却对这一解决方案心存疑虑。

老娘舅工作室在了解这一情况后，联系了当地派出所，将这8个子女叫来一同调解。按照相关政策，老房拆迁有两种补偿手段，一种是货币补偿，另一种是拆迁安置房补偿。现在要拆迁的房子有120多平方米，若按照当年的房屋补偿价格，这套房子能补偿120万元，平均下来，每个子女能补偿到15万元。

经过工作室的多方、多次调解，最终，4个姐姐愿意共同出资45万元，给另外3个姐姐相应补偿各15万元，将拆迁安置房留给弟弟。

为各方公正起见，邱云观还带着众人去办理了公证手续，让自愿放弃的7个姐姐签字，避免因房价波动影响相关流程。这样一来，弟弟在工作室的悉心帮助和姐姐们的照顾下，如愿得到了安置房，一项拆迁问题引发的家庭纠纷就此化解。

邱云观说，老娘舅工作室的宗旨就是“三心”——“热心接待、诚心交流、公心处事”，通过贴心服务，以达到“三和”——“家庭和睦、邻里和气、社会和谐”，他将坚持依法调解，在社区建设中发挥更大的作用。

（韦欢）

他是名旅游摄影爱好者，喜欢寻找冷门的旅游线路。西藏、青海、云南、四川、贵州、湖北等都是他曾去过的地方，在那些地方，他领略到自然风光的同时，也见证了部分地区相对落后的生活条件，尤其是那些地方的孩子成长环境的艰辛。

在一个“驴友”的启发下，他收集了一些衣物，捐给困难学生过冬用，这让他觉得非常有意义。从最初只有几名“驴友”，到很多人加入，后来他们干脆发起成立了“面包树助学会”，活动足迹遍及半个中国。

他，就是苏州好人——沈雪华。

中小学生守则

沈雪华：用阳光编织公益梦想

新春伊始，古镇深处，走进震泽初级中学，在百余米长的法国梧桐行道上，记者见到了学校德育处主任沈雪华。

40出头的沈雪华中等个儿，身穿黑白色夹克衫，满面春光，透着热情和精干。他可是个大忙人，不仅要处理好学校里的事务，还得操持校外的许多事情。他的身份除了教师，还有区人大代表、“面包树助学会”发起人等。

踮起脚尖，就会更靠近阳光

多年来，沈雪华一直以不断向前奔跑的身姿，用阳光编织着他的公益梦想。谈起社会组织，说到公益活动，沈雪华饱含深情，又如数家珍。他知道，人生的价值不仅仅在三尺讲台，更在外面的精彩世界。

沈雪华是位资深的旅游摄影爱好者，却不太喜欢热门景点，而是喜欢寻找冷门的旅游线路。西藏、青海、云南、四川、贵州、湖北等都是他曾去过的地方，在那些地方，他领略到自然风光的同时，也见证了部分地区相对落后的生活条件。尤其是那些地方的孩子，无法接受好的教育，也没有很好的成长环境，这让他一直记挂于心。

“第一次接触公益，是在一个‘驴友’的启发下，当时他让我帮忙收集一些衣物，捐给困难学生过冬用，我觉得非常有意义。”沈雪华说，从最初只有几名“驴友”，到很多人加入，后来他们干脆发起成立了“面包树助学会”。

从一株嫩苗长成参天大树

在地方党委、政府及有关部门的重视下，在沈雪华的招揽下，广大志愿者热情高涨，“面包树”逐渐从一株嫩苗长成参天大树，根系牢牢扎入大地的怀抱。

“面包树”枝繁叶茂，暖心故事不断演绎，成员活动足迹遍及半个中国，近在吴江本地的福利中心、颐养院、学校、农村等，远至甘肃武威、云南元阳、西藏洛扎、湖北恩施、四川大凉山、贵州黔东南等10多个地区。“面包树”带领志愿者们送去图书、棉衣、鞋子，还有精神慰藉。特别是“暖冬加衣”活动，不仅给贫困地区的孩子们送去了一丝冬日的暖意，同时也成了吴江的学校对学生进行德育教育的方式，更在社会上掀起了一股爱心春风，传递了社会正能量。

“面包树助学会”与吴江的众多社会组织一样，一路走来，并非完全顺风顺水，也会遇到重重困难，但这更加坚定了沈雪华的公益之心。

大爱无言，“面包树”诠释着志愿者精神，为孩子们打开一扇窗，带去发现新世界的希望。

为社会送去更好更多的“爱心面包”

党的十九大报告指出，加强社区治理体系建设，推动社会治理重心向基层下移，实现政府治理和社会调节、居民自治良性互动。这让沈雪华充满了信心：“这充分说明党中央对发展社会组织的高度重视，提出了培育社会的方向性要求，也为社会组织突破现实困境，实现快速发展提供了难得的机会。”

对此，沈雪华期待着“面包树”能为社会送去更好更多的“爱心面包”。

作为一名普通的初中老师，沈雪华的话朴实而有力：“我无法保证可以感染我所有的学生，以及我身边的其他人，但我会一直走下去，也相信越来越多的人会与我同行。”

或许，在快速发展的社会中，沈雪华所期待的理想状态是如《礼运大同篇》中所说的“老有所终，壮有所用，幼有所长”。至少，他的努力让自己离阳光、离理想又近了一步。

（邱纳）

在铜罗，他的名字，几乎是家喻户晓。不仅因为他是铜罗的“活地图”，更因为他曾帮助了很多人。

一封信揭开了一段助残情缘。30年前，在他的“鸿雁”传书之下，残疾小伙屠建新与一名上海笔友姑娘喜结连理。后来，开影楼的屠建新希望能将外来务工人员的婚纱照寄往全国各地，却屡次在快递公司碰壁。也是他，不计成本揽下了这个活。

“五年来，寄往天南海北的婚纱照近千幅，我却从未接到过一起由于照片破损或未及时收到而引发的顾客投诉，这多亏了永坤大哥。”

他，就是苏州好人——沈永坤。

沈永坤：爱心邮路写大爱

在铜罗，沈永坤这个名字，几乎是家喻户晓。有人说，因为他曾帮助过自己；有人则称他为铜罗的“活地图”。

沈永坤是铜罗邮政局的一名投递员，在这个岗位上一干就是30多年，可谓走遍了铜罗的角角落落，认遍了铜罗的家家户户。而他30多年如一日的热情贴心服务，最是让人交口称赞，他从未丢失过一封信，也从未接到过任何投诉。2014年12月上旬的一封感谢信，更是揭开了一段助残情缘。

牵起姻缘

写感谢信的人叫屠建新，是一名身残志坚的影楼老板。屠建新自小与母亲相依为命，30多年前，住在当地农具厂一间低矮潮湿的房子里。“那时候，邮局到我家都是泥路，每逢下雨，永坤大哥都是深一脚浅一脚地挨家挨户送信。他自己满身泥水、雨水，但交到我手上的每一封信，都是既干净又整洁，几十年了，想起来都历历在目啊！”屠建新说。

当时的屠建新还是一个20多岁的毛头小伙，正值情窦初开的年纪，爱好文学的他与一名上海姑娘做了笔友，书信来往甚密。知晓了这一情况的沈永坤就多留了一份心，考虑到屠建新出门寄信不方便，他就每次上门取信。后来，那名姑娘成了屠建新的妻子。要知道，以前有什么邮件，投递员都是送邮件单，通知收件人去邮局取。

完成“鸿雁”任务的沈永坤，考虑到屠妻要照顾一家子，于是只要屠建新有邮件，沈永坤都会坚持为他送上门，省去他跑邮局取邮件的麻烦。

帮助创业

后来，屠建新在当地开了影楼，一开始生意还不错，但随着居民生活水平的提高和交通的便捷，本地居民纷纷涌去苏州市区、上海等地拍婚纱照，这让影楼的生意日渐萧条。所幸的是，外来务工人员提出想将婚纱照寄回家乡的要求，让屠建新看到了生意的转机。

然而，当屠建新兴冲冲地联系快递公司时，却屡遭碰壁。婚纱照不仅尺寸大，而且材质易碎易损，快递公司都不愿接。沈永坤知道后，却揽下了这活。尺寸大，他就四处搜集大邮袋，甚至自己掏钱将两个邮袋拼起来；易碎易损，摩托车不好运，他就徒步将需寄送的婚纱照搬到邮局。

“五年来，寄往天南海北的婚纱照近千幅，我却从未接到过一起由于照片破损或未及时收到而引发的顾客投诉，这多亏了永坤大哥。”屠建新的言语里是说不尽的感激，“可是我每次想请永坤大哥吃顿饭、抽根烟，他却始终婉言谢绝。”于是，屠建新就写了封感谢信，感谢这位不求私利、敬业奉献的老大哥。

后继有人

在吴江邮政局铜罗支局同事们的眼里，沈永坤是邮局的支柱和大家的好帮手。邮局的负责人换了一茬又一茬，“兢兢业业，勤勤恳恳”却是他们对沈永坤共同的评价。

“干一行就要爱一行，我爱我的职业，我要做的就是把每一封邮件都完好无损地送到人家手里。”沈永坤爱他的职业，并为此将工作做到极致。“我跟屠建新现在已经很少联系了。那是我应该做的工作，也是举手之劳。”沈永坤说。

2018年，沈永坤光荣退休了。虽然他离开了岗位，但他就像一盏明灯。在他的影响下，铜罗邮政局的年轻投递员们也像他一样，在尽心做好工作的同时，为大家提供力所能及的帮助，赢得了居民的赞扬。

沈永坤的爱心邮路上，后继有人。

（顾冰清　蔡铭越）

盛泽镇衡悦社区的黑板报上，他留给大家最后的板书是提醒“防寒保暖”，时间是2017年12月11日。

2008年，从电视上了解到中国捐遗事业较为落后，他就产生了捐遗的想法。和老伴一商量，两人一拍即合，双双申请捐遗。

2018年3月21日，82岁的他因结肠癌辞世。按照他的遗愿，他的遗体被捐献给了医疗事业。

“他觉得年轻时没让我过上好日子，老了又生病拖累我。其实能和他一起这么走过来，我很满足了，也会按照他的遗愿照顾好自己。”他的遗孀说。

他，就是苏州好人——王者兴。

王者兴："黑板报主编"走了

"出了名的热心人，可惜了。"说起王者兴，认识他的居民给出了近乎一致的评价。在盛泽镇衡悦社区，有一块露天黑板报，曾在过去的15年不定期地更新着养生保健信息、政策法规以及本地新闻。用粉笔为居民们写下这些实用信息的，是退休教师王者兴。

2018年3月21日，82岁的"苏州好人"王者兴因结肠癌辞世。按照他的遗愿，遗体被捐献给了医疗事业。

逝者已矣，小巷里，依然有他的嘱咐。

最放不下的是"小瑜"

"老两口一辈子，先走的那个合算点，难受的是留下的那个。"说这话时，王者兴的遗孀钮美瑜笑着。携手走过近50年，两位老人一起面对过很多艰难的时光，也学会了乐观面对人生。

"当初看中的就是他的热心。"钮美瑜说，那时候家里很困难，他们学会了很多技能，退休后，这些技能也在社区服务中派上了用场。1997年，夫妻俩加入社区的志愿者行列，热心帮助邻里。"我要去广场上帮人缝衣服，老家伙就帮我把撬边机扛到楼下，放在自行车上推过去。"钮美瑜告诉笔者。

在王者兴病重的那段时期，钮美瑜始终陪在身边照顾他。老人也坦言过，"回顾自己一生，觉得还说得过去。心中唯一觉得愧对了的是小瑜"。"他觉得年轻时没让我过上好日子，老了又生病拖累我。其实能和他一起这么走过来，我很满足了。"81岁的"小瑜"说着，依然笑着。

写完遗书写板书

衡悦社区的黑板报上，王者兴留给大家最后的板书是提醒“防寒保暖”，时间是2017年12月11日。当时王者兴拖着病躯坚持要更新黑板报，钮美瑜就搀着他，帮他把黑板擦干净，看着他写。

2003年初，社区要写个办理老年证的通知，请来了写得一手好粉笔字的王者兴。王者兴主动提出应该好好利用弄堂里的这块黑板。之后，他便成了黑板报的“主编”，平时随身带着笔和本子，翻阅报刊看到有用的内容，就统统摘抄下来，一共写了十几本，全“刊登”在黑板报上。

“社区的黑板报很受欢迎，我们每期都看。”衡悦社区居民周松观说，黑板报对居民生活有一定的指导意义。

在王者兴的坚持下，黑板报每半个月就会更新，年复一年，直到最后的“防寒保暖”。

粉笔下是文字，也是精神

王者兴家里有90多本荣誉证书，包括教育先进工作者、优秀辅导员、区“十大好夫妻”、“苏州好人”等。不过最让王者兴夫妇自豪的，是苏州市红十字会所授予的“志愿遗体捐献纪念证”。

2008年，从电视上了解到中国捐遗事业较为落后，王者兴就产生了捐遗的想法。和钮美瑜一商量，两人一拍即合，双双申请捐遗。

“目前盛泽共有90多位遗体捐献登记志愿者，占了全区的40%，其中有12对夫妻。”吴江区红十字会常务副会长沈小红告诉记者，王者兴的言传身教发挥了重要作用。邻居汪莲珍、同事姜家鼎都在其直接影响下申请捐遗。王者兴更是将109岁的丈母娘“发展”成了苏州市最年长捐遗志愿者。

关于王者兴的“招牌”——黑板报，衡悦社区党委书记吕晓鹏告诉记者：“我们招募了志愿者，继续把黑板报出下去，把王老的精神传承下去。而第一期新板报的主题，就是纪念‘前主编’。”

（俞瑞凌）

2017年12月15日清晨，天空飘着小雨，他如往常一样，和妻子一起送两个孩子去上学。返回途中，他们忽然发现冰冷的路面上躺着一个孩子。

第一时间，他一脚将车刹停，和妻子打开车门冲到孩子身边。原来，事发前孩子爷爷驾驶一辆面包车在江城大道上调头，因疏于观察，与对面车道上的一辆车撞在了一起。面包车上的孩子在受到撞击后被甩出后车窗，情况十分危急。

他临危不乱，将爷孙俩接上车，打起双跳灯，朝着医院疾驰，及时将孩子送到了医院。

他，就是苏州好人——翁许伟。

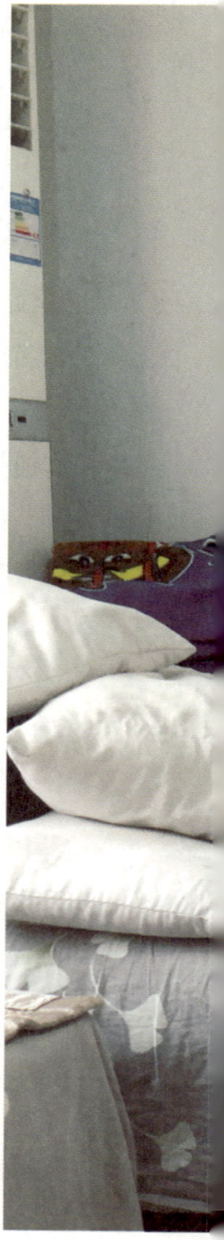

翁许伟：言传身教做孩子最好的榜样

见到翁许伟，是在黎里镇兴黎社区，他自己经营的一个门市部里。

门面并不大，十几平方米的面积，里面却十分热闹，大家或坐或站，翁许伟正和客户聊着天。平日里，客户们除了生意上的往来，都喜欢往翁许伟店里跑，一起唠嗑。见记者到来，大伙儿一起向记者介绍："这位就是我们的'好人'。"眼前的"好人"，憨态可掬，十分腼腆。

最寻常的一次送学

讲述好人的事迹，时间的指针要拨回到2017年12月15日。

当天清晨，天空飘着小雨，翁许伟如往常一样，和妻子一起送两个孩子去松陵城区上学。夫妻俩育有一儿一女，女儿8岁，儿子6岁。把孩子安全送到学校后，翁许伟原路返回，准备回门市部打理生意。

然而，就在沿着江城大道由北往南行驶至唐家河公交站台西侧处时，翁许伟忽然发现，冰冷的路面上躺着一个孩子。翁许伟立马意识到，前方一定是出了车祸。第一时间，翁许伟一脚将车刹停，夫妻俩未经商量，却默契十足地打开车门冲到孩子身边。

"当时看到孩子头部微动，头上皮已磨光，流了不少血。"翁许伟向记者回忆当天的事发经过。当他与妻子打算将孩子扶起时，孩子的爷爷也从被撞车上冲了下来。"情况紧急，容不得片刻犹豫，我和妻子将孩子抱上自己的车，喊上孩子的爷爷，往医院驶去。"

最危急的生死时速

原来，事发前，孩子的爷爷驾驶一辆面包车在江城大道上调头，因疏于观察，与对面车道上的一辆黑色轿车撞在了一起。面包车上的孩子在受到巨大的撞击后被甩出了后车窗，情况十分危急。

翁许伟深知，时间就是生命。他临危不乱，将爷孙俩接上车后，打起双跳灯，在确保安全的前提下，在江城大道上逆行一段后，朝着苏州永鼎医院疾驰。“在车上时，我们问孩子话，孩子点头但不开口。”翁许伟说，孩子伤得不轻，他必须快一点再快一点。

生死时速之下，翁许伟驾车疾驰，终于将孩子送到了医院。翁许伟心思细致，考虑到爷爷年岁已高，对办理入院手续流程可能不熟悉，他又急忙帮孩子挂好号。检查中，医生发现孩子伤势严重，存在脑出血症状，建议转往苏州儿童医院。直到孩子安全转院，翁许伟才和妻子转身离开。

最好的言传身教

翁许伟平时话不多，对当日之事也认为无需多讲。他一直觉得，自己所做的只是举手之劳，事情就这么过去了。让他意外的是，几天之后，自己的事迹在微信朋友圈被刷屏了。“很多朋友给我转发了那条微信，里面有当天救助孩子的视频监控，我才知道大家都知晓了此事。”

“送医的孩子和我女儿同岁，看到当时的情况，我难免感同身受，只想着怎样可以尽快救他。”获得诸多荣誉后收到的奖金，翁许伟打算捐赠给困难家庭的孩子。

其实，在生活中，翁许伟也是一个古道热肠的人，遇到需要帮助的人，他总会伸出援手。

见义勇为的行为传开后，翁许伟的一双儿女也在媒体上见到了爸爸。他略带惭愧却也十分骄傲地说：“对孩子的教育，妻子承担了大部分；但是，我自己这样的举动，相信会是最好的言传身教。”

（黄明娟）

他是吴江供电公司盛泽供电所的一名普通员工。

2015年的冬天，他与另一名同事刚刚执行完一次抢修任务，来到当地东港村苏家埭一带巡视。村头僻静的河道旁，听到村保洁员在大喊“救人呀，快来救人呀”，他来不及多想便迅速脱下外套，毫不犹豫地跳进冰冷刺骨的河中，将人救上岸。

“好在我会游泳，听到有人呼喊救命，总归是要下去救人的。”他的言语透着朴实。

他，就是苏州好人——吴坤林。

国家电网
STATE GRID

吴坤林："热血男儿"不畏严寒跳河救人

这两天，笔者跟随吴坤林再次来到盛泽镇东港村，实地走访了解当年他在河中救下溺水妇女的事件经过。

吴坤林是吴江供电公司盛泽供电所的一名普通员工，在岗位上辛勤工作了20多年。2015年的冬天，他曾勇救一名落水妇女，这让他成为正能量的代表。那天是12月15日上午10点多，吴坤林与另一名同事刚刚执行完一次抢修任务，来到当地东港村苏家埭一带巡视。

"这个村有一户家庭有差不多两个月未缴电费了，我就和同事驱车前往了解原因。"吴坤林告诉笔者，他们刚把车开到村头僻静的河道旁，就听到村保洁员在大喊"救人呀，快来救人呀"。

吴坤林说，他当时循着声音望去，发现河上漂着一只老式马桶，还有一团灰白的东西正浮上浮下。吴坤林定睛一看，竟是人的头发。

"我马上断定是有人掉河里了。"吴坤林说，他当时来不及多想，停下车就打算下水去救人。当天的最低气温仅2℃，他穿着厚厚的衣服，怕施展不开，便迅速脱下外套，毫不犹豫地跳进冰冷刺骨的河中，向落水者游去。

吴坤林告诉笔者，这条河里偶有老年村民涮洗马桶，水质并不好，河水有2到3米深，并且河水冰冷，但是当时的他完全没有想这么多。已过知天命之年的吴坤林虽熟悉水性，但因河道深、天气冷，他一下水便浑身打寒颤，一个激灵差点沉下去。

"好在我会游泳，听到有人呼喊救命，总归是要下去救人的。"吴坤林言语朴实。

吴坤林使出全身力气，慢慢地游到落水者身边，抓住老人后，拽着老人的

胳膊使尽力气往岸上拉。同时，吴坤林的同事则向河岸边的行人呼喊求助。老人的家人刚巧路过，大家共同努力，终于将老人救上了岸。

后经了解，这名溺水的妇女那年53岁，当天，她在河岸边清洗马桶时，一不小心脚下打滑，一头栽进了河里。由于施救及时，人并无大碍，很快就缓过神来。吴坤林再三询问，确认对方无事后，才一身湿漉漉地离开现场。

吴坤林出生于1963年，盛泽镇坝里村人，平日里主要负责东港村和杨扇村辖区范围2200多家用户的电表维护和电费收缴工作。与所里其他20多名同事一样，打开电脑审查智能电表提交的成千上万条数据，对客户用电量进行分析和线损管理是他每天的工作，一旦数据采集得不对，吴坤林就要去现场查看，每天至少要去四五个地方进行查看和整修，而且越是阴雨天气，采集到的信号就越差，他就越需要到现场去。

（陈静）

2011年，婆婆的举动突然变得奇怪。她和丈夫带着老人去上海看病。婆婆被确诊为阿尔茨海默病。

丈夫因为工作关系经常奔波在外，照顾婆婆的任务基本都由她承担了下来。

随着病情加重，婆婆的行为举止越来越像个孩子，也越来越依赖她。她会像哄小孩一样，把婆婆哄得眉开眼笑。她说，只要能看到婆婆的笑容，自己再辛苦再累也值得。

现在婆婆已经走了快2年了，作为儿媳妇的她希望婆婆在天堂里能过得更好。

她，就是苏州好人——计恩来。

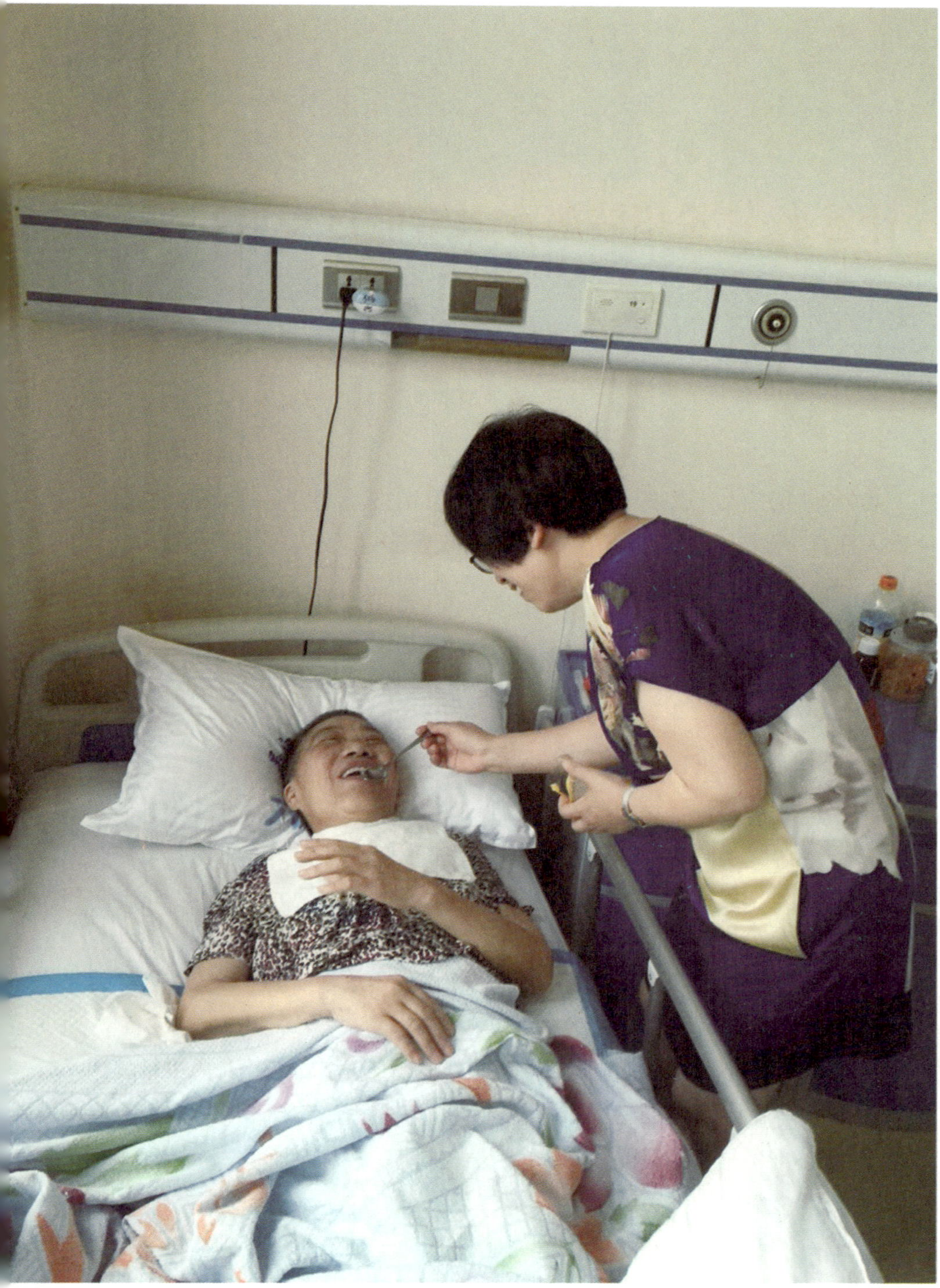

计恩来："希望婆婆在天堂能过得更好"

1991年，坛丘人计恩来与平望镇的吴小林喜结连理，生下一个女儿。原本一家人日子过得稳稳当当，女儿在外求学，公公婆婆也安心享受着退休生活。2011年，婆婆的举动突然变得奇怪，夫妻俩带着老人去上海看病，婆婆被确诊为阿尔茨海默病。

把婆婆接来一起住

计恩来与婆婆的关系一直很好。当时，计恩来一家和公公婆婆是分开居住的，为了方便照顾婆婆，她和丈夫商量后买下了自家楼下的公寓房，让公婆一起搬来，这样照顾起来方便。

2014年，公公患病离世，婆婆伤心过度，失眠了几天几夜，悲伤的情绪让她的病情急剧恶化，不久丧失了自理能力。计恩来不放心婆婆一个人住在楼下，又把婆婆接上来与他们同住。

丈夫因为工作关系经常奔波在外，照顾婆婆的任务基本都由计恩来承担了下来。每天早上，一听见婆婆起床的声音，计恩来也马上起床，帮婆婆洗脸、漱口，为婆婆准备早餐。计恩来在邮局上班，中午有一个小时的午休时间，她会赶回家，为婆婆安排午餐。

"有一次我中午下班回家，家里的地板上、墙上都是粪便，满屋子的臭味，婆婆坐在地上傻傻地笑。"计恩来首先感到的是自责，后来，她把自己的父母请了过来，在她不在家时照顾婆婆。

婆婆有时大小便失禁，计恩来的父母没有嫌脏，尽心尽力帮亲家收拾干净。父母的举动为计恩来做出了榜样，自己一个人照顾婆婆时，计恩来从来也没嫌婆婆脏。

婆婆成了她第二个“孩子”

只要有时间，计恩来就会带着婆婆出门，无论是逛超市还是出门旅游，计恩来从没有让婆婆一个人长时间待在家里过。

生活上无微不至的照顾，让老人越发“依赖”儿媳。计恩来说，随着病情加重，婆婆的行为举止越来越像个孩子，刚刚还又笑又叫，一转眼又一个人偷偷地抹起了眼泪，问她话她也说不上来。

有一次，婆婆像个小孩一样不肯听话，不愿意去理发店，还大声嚷着说：“你们按我的头是想弄死我呀。”吓得理发师不敢动剪刀。回到家里，计恩来就自己买了套理发工具，和女儿一起学着给婆婆理发。计恩来一边扶着婆婆的头，一边说笑话逗婆婆开心。女儿则拿着工具，小心地为奶奶理发。

每每看到婆婆闹情绪，计恩来就会像哄小孩一样，哄她开心，直到把婆婆哄得眉开眼笑，她才放心。

“这对婆婆来说是种解脱”

2016年夏天，婆婆的身体越来越差，在椅子上靠久了，身上还会起压疮。为了让婆婆得到更好的护理，计恩来和丈夫商量后，把婆婆送进了护理院。只要有空，一家三口就会到护理院看望老人，削水果，陪聊天……护理院的工作人员都夸他们孝顺。

但是婆婆的病情越来越严重，2017年8月13日，护理院的医生叫来计恩来一家人。“婆婆走之前，我们一家人、我老公哥哥一家人围在她身边，我趴在她床前。”计恩来说，看着床边仪器上各项指标逐渐归零，她的心里满是自责。“有几次婆婆小孩子脾气上来了，我也跟她争过，现在想起来是我做得不够好。”

计恩来说，婆婆走了，她的心里就像落下了一块大石头，“我觉得这对婆婆来说反而是一种解脱，希望婆婆在天堂里能过得更好”。

（沈卓琪）

8年前，她的丈夫因浑身无力，去医院检查，没想到，却查出了尿毒症，而且是晚期。父母年纪大了，女儿当时正读高中，只有她一个人能照顾丈夫。跟医生商量后，她把丈夫接回家，每天由她来给丈夫做腹膜透析。

这么多年来，丈夫患病、女儿上大学、父亲需要照料，她硬是咬牙挺过来。

在心力交瘁的时候，她也有过放弃的念头，可转身一想，这是自己的家人，再苦再累也不能放弃。

她，就是苏州好人——陆志琴。

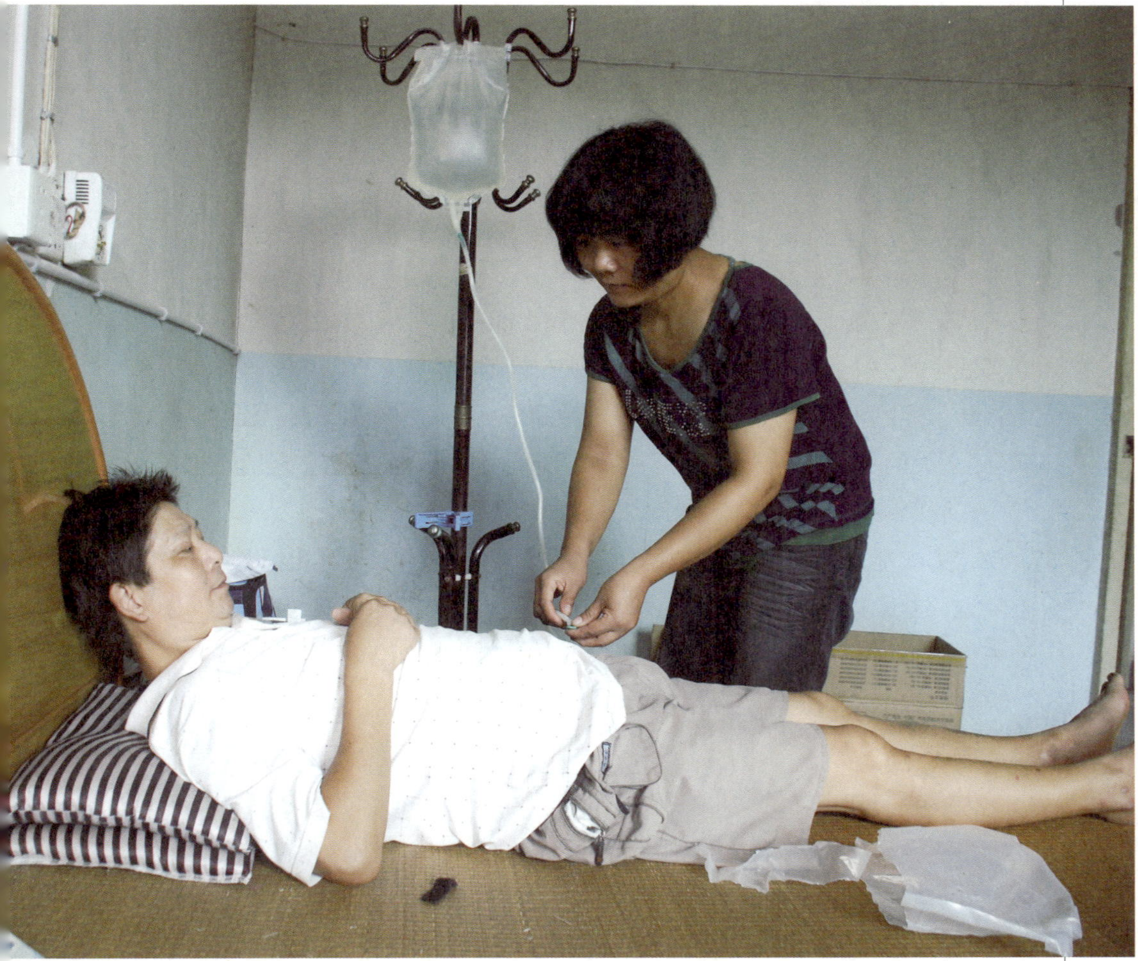

陆志琴：坚强女子一人扛起一个家

从铜罗古镇到荒天池的路上，有一个幽静的小村子，村名叫祝香浜，是铜罗严慕村的一个自然村。陆志琴的家，就在村子南边。

陆志琴刚上完班，轮着休息，一边做家务活，一边照看丈夫。比起刚治疗那会，丈夫的身体状况明显好了许多，已经不用整天躺在床上，还能帮把手，做一些简单的家务活。

“丈夫能自理一些，家里情况好了不少，我也就可以放心地上班了。”陆志琴说，这么多年来，丈夫患病、女儿上大学、父亲需要照料，她硬是咬牙挺过来。

陆志琴的丈夫是浙江人，20多年前两人经人介绍而相识，后丈夫做了上门女婿。

夫妻俩与陆志琴的父母一起生活，婚后生了一个可爱的女儿。原本，五口之家生活得和和美美，丈夫做油漆活，平时在外忙碌，陆志琴则在一家服装厂里上班，兼顾照料家里。

8年前，陆志琴的丈夫因浑身无力，去医院检查，没想到，却查出了尿毒症，而且是晚期。面对突然而至的重病，一家人都蒙了，陆志琴偷偷地抹眼泪。查出了病，接下来就是治疗。尿毒症需要做透析，每天跑到医院做血透肯定不现实，因为父母年纪大了，女儿当时正读高中，只有陆志琴一个人能照顾丈夫。

跟医生商量后，陆志琴把丈夫接回家，每天由她来给丈夫做腹膜透析。“一天要换4次药水，4个小时换一次。”陆志琴说，刚回家时，丈夫浑身没力气，躺在床上不能动，吃饭、穿衣服都不能自己完成。

陆志琴向厂里请了半年的假，每天不离身地照顾丈夫。换药、喂饭、擦身子、换衣服，扶着丈夫去上厕所。有时，一天忙碌下来，比上班干体力活还要累。

每个月，陆志琴会陪着丈夫去复检，细心地记下医生的嘱咐。每周，她还要为丈夫配好药水，定期去取药。药水是大袋装的，一周的药水加起来非常重，一个普通男子搬起来都吃力，而这些药水全靠陆志琴一点点地搬回来。

丈夫有时情绪比较差，陆志琴还要宽慰丈夫。

“人累，心更累，而且看不到尽头。”陆志琴告诉记者，在心力交瘁的时候，她也有过放弃的念头，可转身一想，这是自己的家人，再苦再累也不能放弃。为照顾好丈夫，陆志琴的工作从原来的服装厂换到一家纺织厂，原因是纺织厂上半天可以休一天，休息时她可以照顾家里。

她不仅要照顾丈夫，还要照顾年迈的父亲。父亲20多年前从高处摔下，脑部神经受损，此后留下了后遗症，生活自理能力很差，偶尔还会突然晕倒。幸好，经过前些年的治疗，病情得到了控制。

陆志琴的丈夫说，家里家外全靠妻子一个人撑着，她再苦再累，也从不抱怨。“看到妻子这么辛苦，我心里蛮过意不去的。我想只要病情好转一点，让她少负担一点，就是对她最大的支持。”

丈夫病倒时，女儿在读高二，正是关键的时候。但陆志琴一边要照顾丈夫和父亲，一边还要上班挣钱，实在没有多少精力去过问女儿的学习。“女儿成绩一直还可以，摸底考试都在本二线以上，可能她爸爸的病影响了她，高考时只考了本三。”

幸好，慈善助学及时伸出援手，为女儿解决了一部分费用。

村里知道陆志琴丈夫患病的情况后，根据政策，为他们家申办了低保边缘户，每个月除了能领到补贴，看病报销的比例也提高了一些。

“幸亏有了政府的政策，要是自己掏钱看病，我们是怎么也看不起的。”陆志琴说，最困难的时候已经挺过去了，相信后面的日子会越来越好。

（刘立平）

2015年11月8日，她带着女儿和朋友一起在东方明珠塔上游玩。在东方明珠塔的旋转餐厅内，一位老人突然被噎到，生命垂危。紧急时刻，她毫不犹疑地挺身而出，与餐厅医护室的一名医生合力实施心肺复苏急救。

“‘我就是医生。’这时，有一个女同志跑过来。”老人的女婿说，听到这句话，他猛然觉得找到了依靠。她的义举，让他和其他家属都异常感动。“这样的好护士，就是天使啊！”

她，就是苏州好人——王东方。

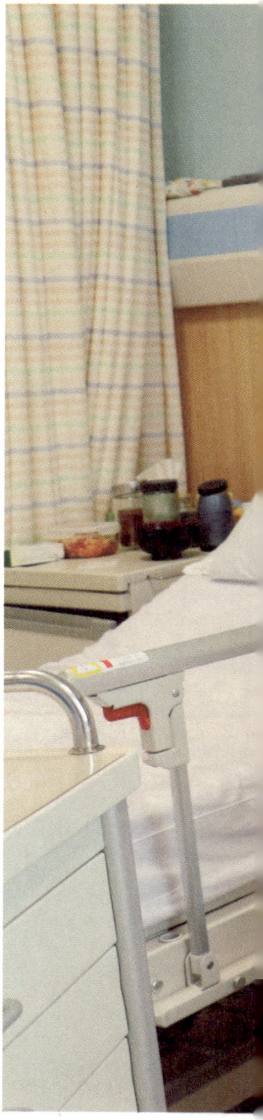

21

王东方：明珠塔上 东方天使

2015年11月8日，上海东方明珠塔上，来自苏州九院（吴江一院）的护士王东方带着女儿和朋友一起游玩。

在旋转餐厅吃完午饭，王东方与女儿离开餐厅，准备前往其他地方。在等电梯的时候，她的手机响了，留在餐厅的朋友在电话里喊："赶紧回餐厅，有人等着急救！"拉着女儿，王东方向旋转餐厅跑去。等进入餐厅，她看到一位老人靠在椅子上，脸色非常差，眼睛闭着，意识有点不清了。

"摸了颈动脉，还试了呼吸，都没问题。"王东方说，听老人的家属介绍，可能是吃东西噎着了，于是她就用手去抠。因为昏迷，老人牙关紧闭，手指根本就掰不开。找来筷子去压，也不管用。

再去摸，心跳和呼吸都没了。待老人平躺到地上，王东方准备进行急救。这时，餐厅医护室的一名医生赶过来。简单沟通后，两人合作对老人实施心肺复苏急救。

用纱布简单处理一下老人的口腔后，王东方跪在地上，口对口对老人实施人工呼吸，而餐厅医生则按压心肺部位。前后做了20多分钟的心肺复苏，老人的心跳和呼吸终于回来了。又过了5分钟左右，120急救人员赶到了。

王东方向急救人员简单介绍情况后，老人被紧急抬走。老人家属和餐厅负责人向王东方表示感谢，想让她留下电话和姓名，但被婉拒了。"我是护士，遇到这样的情况，理应去救的。"王东方回忆说，幸好老人的气道没被堵住，她在做人工呼吸时就感觉到了，不然后果不堪设想。

事后，王东方从朋友那里得知，是朋友将她的电话号码告诉了餐厅负责人，后被老人家属获知。被噎着的老人姓刘，今年83岁，是上海本地人。老人的女婿叫赵智明，辗转找到吴江日报社的记者电话，请记者帮忙寻找救人的热心护士。

当天，赵智明一家人陪着岳父岳母前去东方明珠塔游玩。“两个老人都80多岁了，东方明珠塔还未去过，在一个月前就预约好了。”赵智明说，岳父此前得过脑梗，出门要坐轮椅。

中午时间，一家人在旋转餐厅就餐。用餐期间，老人出了状况，像是被噎着了。赵智明和女儿拍背、抚胸，但没有效果，老人的身子渐渐发软，瘫坐到地上。“妻子把岳父抱起来，让岳父伏在她腿上，拍背，想把噎着的东西拍出来，但不见效果。我妻子都急哭了。”赵智明说。

餐厅的保安和服务员也慌了，有服务员在叫：“有没有医生？”

“‘我就是医生。’这时，有一个女同志跑过来。”赵智明说，听到这句话，他猛然觉得找到了依靠。女医生把老人平放在地上，用手去抠，抠出了虾仁等食物。“我看到，女医生的手指都被岳父的牙齿划伤了，但她没在意，继续抢救。”

后来，餐厅里的医生赶来了，与女医生一道做急救，女医生跪在地上做人工呼吸。“我看着都有些脏，可女医生却丝毫不嫌弃。”赵智明感慨地说，女医生的义举，让他和其他家属都异常感动。

赵智明和其他家属口中的“女医生”，就是女护士王东方。

“这样的好护士，就是天使啊！”赵智明说，没有王护士和餐厅其他热心人的救助，他的岳父早已失去了抢救的机会。“不管结果如何，我都要感谢王护士，感谢大家的热心帮助。”

从事护士工作十多年的王东方，急救经验非常丰富。“遇到这类情况，该怎么去救，都成职业习惯了。”她笑了笑说。

（刘立平）

2018年，他在网上火了一把。有网友在东太湖论坛上发了一条题为“平望竟然有这样的一位公交司机！一定要曝光！”的帖子，帖子中讲述的就是他从泥潭里救起老汉的事迹，还配上了现场视频，引来网友纷纷点赞。

年过半百的他开了十多年公交车，行车跟他的性格一样稳当。在同事眼里，他为人稳重，脾气好。“没看到翁师傅跟人吵过架，跟他打招呼总是和和气气的。他是个好人。”乘客们说。

他，就是苏州好人——翁福泉。

1元
恕不找零
主动投币
票价
自备

翁福泉：阳光洒满“7215”

54岁的翁福泉是吴江公交公司二分公司一车队的驾驶员，已经开了十多年公交车。

“2006年，我做了公交车驾驶员，一开始是在盛泽，后来就来平望开了。我是平望人，对这里的路很熟，哪里有坑、哪里有沟都清清楚楚。能为家乡服务，我很开心。”翁福泉说。

76岁老汉掉入泥潭 他及时出手相救

2018年3月10日早上7点40分左右，翁福泉像往常一样，驾驶着7215路公交车从庙头村开往平望汽车站，经过一个乡道路口时，看到左前方有个老人连人带车掉进了泥潭，胸部以下已经陷进泥水里，挣扎着爬不起来。翁福泉立即将公交车靠边停下，和一名男性乘客冲下车去救人。

“当时边上有一位中年妇女正在拉他，但没拉动，眼看着他越陷越深，我赶忙和一名乘客一起用力把他拉了上来。”翁福泉回忆说。将一人一车从泥潭里拉出来后，细心的翁福泉询问老人：“你家住哪里？家里有人吗？身体阿要紧？”得知老人没有大碍后，翁福泉和乘客才默默回到车上。

公交车继续平稳向前，虽然耽搁了十多分钟时间，但翁福泉的救人义举得到了乘客们的大力赞扬。

被救的老人姓杨，76岁，庙头村人。杨老汉在骑电瓶车回家的路上，一时间没刹住车，不慎掉进了泥潭。“多亏有好心人救了他啊！”杨老汉的妻子感谢道。

遇事冷静处理 他被打伤也不还手

翁福泉是个脾气很好的人，在同事眼里，他为人稳重，脾气好。正因为这样的性格，他开公交车也很稳，有时候天气不好路况差，他更是小心驾驶，把乘客安全放在第一位。

遇到乘客争吵，翁福泉总会好言相劝，让乘客冷静下来。有一次，正值高峰时期，车上乘客很多，有一名乘客到站后没有来得及下车，车子驶离站台后，该乘客嚷嚷着要翁福泉停车。

"这种情况，只有到下一站才能下，这个乘客就急了。到了下一站，他下车后，火气很大，抄起家伙就砸，嘴里还骂骂咧咧的，把公交车挡风玻璃砸碎了。我停好车报了警，下去拉住他，眉毛上方被他不小心砸伤了。"翁福泉说，遇到这样的事，只有冷静、忍耐，乘客脾气大，不能跟乘客对吵，更不能动手。

事后，这名暴躁乘客被民警带走了，翁福泉休息了半个月又回到了工作岗位。

耐心服务乘客 他是个和善人

7215路公交经过学校，是孩子们上学的主要交通工具，早晚人流量大，久而久之，很多乘客都认识翁福泉。

"有些小孩子调皮粗心，经常丢橡皮、铅笔这样的小东西。我捡到以后就会收起来，等他们来认领。"翁福泉说，有一次，一个孩子竟然把书包落在了车上，联系上以后，他把车停在路口，等孩子和家长来拿。

老人们上车动作慢，翁福泉就会上去扶一把，等老人坐稳扶好后再开车。"有些时候，车子到站，视线范围内看到有人挥手追过来，我就会等一下，毕竟平峰时段公交车班次不多，乘客等下一班就要再等四五十分钟，不容易。"翁福泉说。

在乘客们的眼中，翁福泉是个有耐心、很和善的人。"没看到翁师傅跟人吵过架，跟他打招呼总是和和气气的。他是个好人啊，我年纪大了腿脚慢，有时候要不是他等我，就错过车了。想谢谢他请他吃几个橘子，他也不要，说是自己应该做的。"一位老年乘客说。

（蔡铭越）

自结婚起，她就几乎没有与公婆一起生活过，而是一直与丈夫的爷爷奶奶住在一起。老人一直把她当作亲孙女来看待。

一次，奶奶不小心摔了一跤，在床上躺了九个月，她陪在一旁寸步不离，悉心照料。3年后，爷爷的身体也开始不如从前，需要人看护，她不放心假手于人，便再次辞去工作，专心照料爷爷的饮食起居。

“以前都是他们照顾我们，现在是我们回报的时候了，让他们享享清福，这些都是我们应该做的。”她说。

她，就是苏州好人——杨建红。

杨建红：孙媳妇侍奉老人尽孝道

在青云文民村的一条林间小道旁，有一幢老房子，那是杨建红夫妇和爷爷奶奶的家。如今爷爷奶奶都已不在了，杨建红依旧能时时想起与二老相处的日子。

老人把她当成亲孙女

杨建红47岁，自结婚起，她就几乎没有与公婆一起生活过，而是一直与丈夫的爷爷奶奶住在一起。她告诉笔者，婆婆是爷爷奶奶的养女，与小叔子一家生活在苏州，偶尔回来。

杨建红说，老人一直把她当作亲孙女。女儿刚刚出生的时候，自己要上班，爷爷奶奶就帮她带小孩，还包揽了所有家务，买菜做饭、洗衣服、打扫卫生……杨建红一直很感激他们。

2016年的一天，杨建红夫妻俩一起去看望在震泽工作的女儿，回来后发现爷爷坐在了地上，怎么也爬不起来。“从那时开始爷爷就不能走路了。”也是从那时候开始，杨建红再也没将爷爷一个人留在家里过。

她说：“以前都是他们照顾我们，现在是我们回报的时候了，让他们享享清福，这些都是我们应该做的。”

她为照顾老人两次辞工

早些年，杨建红在一家工厂上班，但那时候奶奶患上了阿尔茨海默病，常常走失。老公忙于生意照顾不到，夫妻俩商量了一下，杨建红便辞去了工作，全身心地照顾奶奶。“有时候，就是去上个厕所的时间，奶奶就不见了。”杨建红说，好在当时奶奶走得不远，村里的人常帮忙送回来。

一次，奶奶不小心摔了一跤，在床上躺了九个月，杨建红陪在一旁寸步不离，悉心照料。其间老公出差，她就搬到奶奶房间和奶奶一起睡，整夜守在奶奶床头。奶奶去世前意识不清，可能都不认识孙女了，但她还是不离不弃。在奶奶去世后，按照当地习俗，杨建红亲手给奶奶换上了干净的衣服，陪奶奶走完了最后一程。

奶奶去世后，杨建红再次出去上班，到震泽一家幼儿园做保育员。过了三年，爷爷的身体也开始不如从前，需要人看护，杨建红不放心假手于人，便再次辞去工作，专心照料爷爷的饮食起居。

任劳任怨演绎反哺情

爷爷周宝生住在楼下，屋内干净整洁，设施齐全。每天晚上，杨建红都会坐在爷爷的房间里陪着他，直到爷爷睡着才回自己的房间休息。“老人睡得早，一般晚上7点左右就睡了。”杨建红说，自己睡觉前，会再次到爷爷房间，帮他换一次尿不湿，这样就可以让他一觉睡到天亮了。

杨建红每天要帮爷爷换三四趟尿不湿，每隔两三天擦洗身体、换身衣服，隔半个月理一次发，这些事她都做得得心应手，爷爷也都十分配合。但一开始并不是这么顺利的，杨建红还记得，爷爷第一次大小便失禁时，她想帮他换洗一下，爷爷却死死拽住裤子不让动。

“你不要觉得难为情，我们照顾你是应该的。”当时，杨建红温柔地对爷爷说。“那时爷爷流下了眼泪，说了句‘天晓得’。”杨建红回想起当时的场景，依旧动容。她说，爷爷是在怨自己，他觉得自己连累我们了。看到爷爷流泪，她也忍不住哭了。

虽然是孙媳妇，但杨建红早已把二老当成了自己的亲爷爷亲奶奶，她说，照顾近百岁的老人，是她的福气。

（吴菲）

她在松陵镇妇联工作期间，先后帮助过100多名“春蕾儿童”，还为部分大学毕业后的“春蕾儿童”联系实习单位、解决就业问题。

对她来说，退休后的她和退休前的她基本是无缝对接：“只不过工作场所从一个办公桌移到另外一个办公桌而已。”

2015年，她发起成立了吴江区阳光社工服务中心。该社会组织从“草根”到成熟，她注入了自己的满腔热情。抱着一颗做公益的初心，她和她的团队扛起了公益大旗。

她，就是苏州好人——姚瑛。

姚瑛：初心不改大爱藏

前往吴江公益园209办公室见姚瑛的当天，恰逢吴江迎来2018年的首场降雪。姚瑛一边介绍吴江区阳光社工服务中心的情况，一边继续忙着手中的活——一顶花纹精美的红色绒线帽。“这手工编织的帽子，今年我已经织了30多顶了。”看着那满是冻疮的一双手，笔者想着退休后的姚瑛哪里来的热情，可以如此投入社会公益事业中？

“从一个办公桌到另一个办公桌”

姚瑛在松陵镇妇联工作期间，先后帮助过100多名“春蕾儿童”，还为部分大学毕业后的“春蕾儿童”联系实习单位、解决就业问题。对姚瑛来说，退休后的她和退休前的她基本是无缝对接：“只不过工作场所从一个办公桌移到另外一个办公桌而已。”

2015年，刚从松陵镇妇联退休的姚瑛出于对公益事业的热爱，与退休村干部石龙香一起，注册成立了阳光儿童成长帮扶社，将服务对象锁定为未成年人群体。帮扶社刚成立时，工作千头万绪不知道如何开展，亟需专业人士的指点。这时，姚瑛得知吴江公益园是区民政局为扶持社会组织搭建的平台，她马上和石龙香商量，申请入驻公益园。

“个人的力量是有限的，我们需要更专业的指导，才能让我们的团队走上正轨。”姚瑛说，依靠区民政局的帮助和妇联的支持，阳光儿童成长帮扶社成功入驻吴江公益园。由于业务范围扩大了许多，2017年，阳光儿童成长帮扶社更名为阳光社工服务中心。

“要么不做，要做就要做好”

抱着一颗做公益的初心，姚瑛和她的团队扛起了经营阳光社工服务中心的大旗：“我想着要么不做，要做就要做好。”

组织要运营下去，需要资金支持。吴江公益园的工作人员及时向她传递了政府购买服务项目的信息，在区民政局工作人员的指导下，当时的阳光儿童成长帮扶社入驻吴江公益园的第一年，就竞标了优抚对象信息管理系统数据核查、收养家庭评估两个政府购买服务项目，并以绝对优势中标，获得了承接资格。

“我们的项目需要和群众沟通，我们有之前工作积累的优势，但我们的专业知识水平还有待提高。”姚瑛说，志愿者们都是退休的巾帼志愿者，对社会工作仅有一个模糊的概念，区民政局和公益园方面在入驻孵化期间给了她们学习的机会，每年都举行好几期社会组织或社工方面的培训，这让巾帼志愿者们迅速走向专业化，一个“草根”组织正在慢慢走向成熟。

据了解，四年来，阳光社工服务中心先后承接了政府购买服务项目9个，区妇联微创投项目3个。

“希望越来越多的年轻人加入进来”

2018年1月19日，阳光社工服务中心作为吴江公益园孵化的标杆性组织，在第五期领军人才培训上分享了自己在项目执行和管理方面的经验。

谈到今后的目标任务，姚瑛和她的团队已经有了构想——实现“六个一”：培养一名年轻的持证社工，组建一个“织爱手工坊”，建好一个巾帼示范基地，创建一个“婚姻家庭调解室”，培育一支草根团队，落地一个社区、学校的微创投项目。

“目前我们的志愿者大多是退休人员，我们希望有更多的年轻人加入进来，他们有特长、有能力。”姚瑛说，“目前，我们正在筹划入驻松陵镇公益坊的事情。”

从事社会工作以来，姚瑛和她的团队获得了很多的荣誉：她是2017年苏州市优秀巾帼志愿者，2016年苏州市道德模范、“苏州好人”、吴江妇联公益达人；她的团队获评中国社会组织3A等级，2016年被苏州市妇联命名为“苏州市巾帼志愿服务示范基地”，被吴江区社会福利中心评为“优秀义工团队”……

“只要我还有能力继续做下去，我就会继续做。能在退休后发挥余热，帮助他人，我觉得很欣慰。”姚瑛说。

（蒋园园）

每天送包裹、送信件、送报纸，他当了整整38年的邮递员，走过的邮路，累计超过百万公里。

他天生一副热心肠。在送邮件的路上，他救起过落水女孩，搭救过摔倒老人。他为独居老人读了18年家书，一直关心着身边需要照顾的独居老人。

他一路前行，一路传送着爱心。

他，就是苏州好人——张培松。

张培松：38年邮路 一路传送爱心

张培松走过的邮路，累计超过百万公里。这一路上，他除了送包裹、信件，还曾救过溺水的小女孩，背过被车撞倒的老人去医院，给孤寡老人送去过温暖……从1980年上岗到2018年退休，他一路前行，一路传送爱心。

为送邮件，半夜走回家

1980年1月，张培松被调至松陵邮政部门工作，从此开始了邮递员的生涯。

在20世纪80年代，当邮递员是份苦差事，没有交通工具，每天要背着几十斤重的大邮包步行三四十公里。早上8点多，张培松从三角井旁的邮局出发，沿着固定的邮递路线，一路向北走到尹山湖附近，沿路派送报纸、信件和包裹。

走到尹山湖，已接近中午，此时信件差不多已经送完。稍稍休整后，张培松小跑着赶回邮局，准备干下午的活，一路往南走。每天早上，张培松从黎里汽车站坐班车来松陵汽车站，傍晚再搭班车回黎里。

送件总会有意外。1981年2月，春节前的一天下午，张培松一路往南递送邮件，走到半路时已是下午3点半，手中还剩下最后一封信件，需要送到南厍。按照这样的速度，送完邮件就没法赶上回家的班车，张培松没有选择第二天再送，而是继续走下去。

最后一个信封里装的是位老人的退休工资单。“那时我想，快过年了，老人家也希望尽快拿到工资单，好去领钱置办年货。”张培松说。

送完信件赶到老松陵汽车站时，已经是下午5点半，最后一班车已经开

走。那天，张培松硬是走回了黎里，到家时已接近夜里11点。

邮路上做好事不留名

张培松天生一副热心肠。有一次，他在送邮件的路上，遇到一个小女孩落水了。

“我走在河边，突然看见河里有东西在‘咕嘟咕嘟’冒泡，走近一看，原来是个小女孩。”张培松当即扔下邮包，跳进河里，抓住小女孩的手，一边往岸边游，一边奋力呼救。

等他把女孩抬上岸，岸边已经围满了人，小女孩的呼吸此时已停了。谁知，围过来的人中没有一个懂得急救知识。小女孩的奶奶这时也赶到了现场，抱着小女孩，不知怎么办才好。

“那时我突然想起父亲教我的一个‘土办法’，把溺水的人脸朝下，横着放在牛背上，让牛不停转圈，让溺水的人把水吐出来。”张培松说。他的“土办法”确实有效，牛驮着小女孩转了十几圈后，小女孩“哇”的一声吐出一大口水，恢复了意识。看到小女孩脱离危险，张培松默默地背起邮包，继续去下一个地方送邮件。

1985年，张培松被调回黎里老家，开始在镇上送件。有一天早上，他在邮局门口救了一个摔倒的老人。“有位老人摔倒在地上，旁边已经围了不少人。有人告诉我，老人是被车子蹭了一下才摔倒的，肇事者已经逃了，他们不敢救，怕担责任。”张培松说，他当时也没多想，扶起老人背到了1公里外的医院。

帮老人垫付了治疗费用，等老人的子女来后，他默默离开了。

为独居老太读18年家书

在黎里镇上送件，张培松每天都会经过文思弄。这条弄堂里，住着一位年近七旬的老太太。她独自一人居住，子女时常寄信过来。但老太太不识字，每次读信都要去请教当老师的邻居，时间长了，老太太也不好意思。有一天，她叫住了送信的张培松，请他帮忙念信。

张培松答应了，从那以后，每次有信来，他都会为老太太读信。平时，他还会顺路帮老太太买点米和菜，拉拉家常。

2004年，老太太过世，张培松给老太太读了18年的家书。此后，张培松又照顾了多名独居老人。

2017年，汾湖片区的四个邮局合并成汾湖投递部，张培松在投递部做管理工作，出去跑的机会比以前少了，但他依然关注着身边的老人。每天下班吃完饭，他都会出去转转，问问附近居民，有没有需要照顾的独居老人。

（沈卓琪）

他从事物理教学工作已30多年。在这30多年里，他针对物理教学中的疑难实验琢磨研制了200多件教具。这位57岁的“发明叔”用教具让抽象、枯燥而复杂的物理知识变得直观、生动而形象。

回忆起自己制作的一件件教具给学生们带来的快乐，他诗意地说，科学的味道是甜的。

他，就是苏州好人——张友华。

全国十佳优秀科技辅导员
张友华简介

张友华：科学的味道是甜的

松陵一中物理教师张友华在从教的30多年里，针对物理教学中的疑难实验琢磨研制了200多件教具，让对学生而言抽象、枯燥又复杂的物理知识变得直观、生动而形象。

2015年4月10日，第26届江苏省青少年科技创新大赛在无锡宜兴拉开帷幕。张友华研制的一套“质证式旋转问题研究系统装置”荣获了一等奖和“华明科教”科技创意专项奖。

2014年一年，张友华的每个双休日和寒暑假都是在实验室里度过的。经过反复试验，“质证式旋转问题研究系统装置”研制成功。“经过一年时间，我最终确定了四个研究模块，分别是基于质证式的研究、基于旋转液体的研究、基于常规问题的研究、基于应用问题的研究。”

基于质证式的研究实验取得了多项成果，除进行常见的离心现象实验外，还成功地进行了多种方式的向心现象的呈现性实验；在基于旋转液体的研究实验中，完美地进行了著名的牛顿杯实验，并在此实验的基础上进行了如测量重力加速度的实验、有关液体旋转抛物面的实验和探究；在基于常规问题的研究实验中，可依据教材进行超简实验，如有关圆周运动、向心力、向心加速度、转动惯量等。张友华边演示边说：“创新教具具有较好的实用性能，最有意思的是利用该教具能够做出让学生难忘的甜蜜的记忆——棉花糖。”

兴趣是最好的老师。提起研制教具的初衷，张友华笑称：“我平时就爱思考，再加上喜欢动手，关键的是能解决问题！”每一件实用的自制教具都获得学生和老师的一致好评，这让张友华备受鼓舞。

为了节约成本，他的制作原材料大多是别人看不上的废弃材料。一把废羽毛球拍、几根铁丝等材料经过他的巧手，竟然被制成了一台电磁感应器；仅靠一根细线、一段泡沫塑料、一根针制作的电荷发生器，用以演示摩擦起电和电的基本原理，即使坐在教室后排的学生也可以看得清清楚楚……

从2009年开始，张友华的自制教具开始“走出去”展示，并陆续收获了苏州市、江苏省和全国的自制教具一等奖。2012年，他研制的一套光学全能演示平台教具获得了全国教具一等奖。2013年，项目“基于自制教（学）具在物理教学中的研究与实践”获得江苏省教学成果一等奖。2014年，他自制的教具“谐振式直交流电转换系统”获得了第29届全国青少年科技创新大赛科技辅导员创新项目一等奖……他本人分别获得了2017年度苏州魅力科技人物和2018年度江苏省“十大科学传播人物”等荣誉。

如今，张友华一如既往地专注于教学用具的设计和制作。回忆起自己制作的一件件教具给学生们带来的快乐，张友华诗意地说，科学的味道是甜的。

（徐力维）

回忆起2018年1月18日发生的事情，北厍派出所的两名辅警的记忆里，只剩下了寒冷的感觉，可当时跳入水中时，他们却丝毫没有顾及河水的冰冷和自身的安危。

那天，在众人的呼救声中，他们毫不犹豫地纵身跳进了刺骨的河水中，合力将一老一少营救上岸。最终，孩子得救，老人不幸离世。

但家属依然充满感激，送来的锦旗上写着“舍生忘死　勇救落水儿童”。

他们，就是苏州好人——李豪、张楠。

李豪、张楠：脑海里只有“救人”二字

“直到上岸后，人家问我冷不冷，我才感觉到自己原来浑身都在发抖。”如今，回忆起2018年1月18日发生的事情，北厍派出所辅警张楠和李豪的记忆里，只剩下了寒冷的感觉，可当时跳入水中时，他们却丝毫没有顾及河水的冰冷和自身的安危。

李豪出生于1983年2月，张楠出生于1989年8月，二人分别于2015年和2017年入职北厍派出所。“谢谢你们舍命相救，我代表全家感谢你们。”2018年1月23日，汾湖高新区（黎里镇）东方村村民陈志林为感谢李豪和张楠的救命之恩，特地与家属们来到北厍派出所，将一面写有“舍生忘死　勇救落水儿童”的锦旗交到李豪和张楠手中。

原来，事发那天的上午，李豪和张楠在东方村为外来人口办理居住证时，忽然听到一名女子大声呼叫“救命！救命”。两人随即向女子所指的方向跑去，发现有一名老人和一名孩子落水了。

那天是“三九”结束后的第一天，当时的河水水温接近冰点，老人和小孩掉进水中后，很快就被冻僵并停止了挣扎。李豪和张楠不顾寒冷的天气，纵身跳进了刺骨的河水中。因为衣服都被冰水浸透了，两人在水中救人格外费力。在救人过程中，李豪还呛了几口水。最终，在周围村民的帮助下，他们合力将老人和小孩营救上岸。

“当时张楠负责救孩子，我负责救老人。”李豪说，“我想慢慢从水里走过去靠近老人，结果朝河中央走了没两步，河水一下子变深，我一脚踏空，呛了好几口水。”

好在，李豪从小在水乡长大，游泳本领过硬，马上就缓了过来，并在村民

的帮助下，将老人托上了岸。这时候，张楠也已经将孩子救上了岸。把老人救上岸后，李豪本想自己爬上岸，但发现体力早已经透支。“当时是大家把我拉上来的，如果边上没有其他人，我估计自己都会有危险。”李豪说，将二人营救上岸后，大家一起帮着为老人和孩子做心肺复苏。在大家的共同努力下，3岁的孩子渐渐恢复了心跳和呼吸，但同时落水的老人却不幸离世。据了解，老人是孩子的曾祖母。“老人没能救过来很不幸，但我们依然要感谢他们的救命之恩。”陈志林说。

在北厍派出所所长周旅康眼中，李豪和张楠平时工作认真负责，常助人为乐，同事和群众的评价都比较高。尤其是李豪，进入辅警队伍后，年年都被评为派出所的先进个人。且平时两人积极参加体能训练，身体素质也过硬。“如果不是两人训练有素，这么冰冷的河水，一般人跳下去很容易会抽筋，别说救人，自己都会陷入危险。”周旅康说道。

二人被评为苏州好人后，知道他俩这一事迹的人越来越多，身边总会有人问他们，救人的时候冷不冷。李豪总是笑嘻嘻地回答：“救人的时候还真没想过冷不冷的问题。”而张楠则这样回答：“2007年至2012年的这5年时间，我在部队服役，虽然现在已经退伍了，但是作为一名退伍士兵，救人是使命也是责任。”张楠告诉记者，自己的孩子出生于2014年12月，与当时落水的孩子一般大，因此，当时自己毫不犹豫地跳入河中时，脑海里只有“救人”二字。

（史韫倩）

听到汽车撞断桥栏杆的声音，让出租车停车，下车，发现落水的汽车，边跑边脱衣服，下水救人……11月的凌晨，河水已近冰冷。他没有丝毫退缩。

一气呵成的背后，是因为他有一个简单的想法——“我救了，我才能心安”。

老家在吉林的他2012年来吴江工作。与很多东北人一样，做事爽气的他，一直是朋友眼中的热心汉子。

他，就是苏州好人——丁瑰军。

丁瑰军："见死不救，无法心安"

2015年11月7日凌晨3点左右，丁瑰军第五次浮出水面。

持续了近30分钟的救援，已经消耗了丁瑰军的全部力气，"再下去的话，也许我就上不来了"。

一件随手而为的事

2015年11月7日深夜2点左右，一辆汽车经过苏州观前街草桥时，失控撞断桥栏杆落入河中。

"我当时就在附近的出租车里，那段路不算热闹，所以撞击声、落水声我都听得非常清楚。"丁瑰军说，听到撞击声后，出租车司机放慢了车速，"我跟司机说，你停下来，我下去看看。"

下车后，丁瑰军一眼扫到了已落入河中的汽车，转身朝出租车司机喊了句"你先报警，我去救人"后，他一边快速跑向汽车的落水位置，一边将手机放入上衣口袋，随后脱掉上衣，跳入水中。

丁瑰军是吉林人，2012年来吴江工作。与很多东北人一样，做事爽气的丁瑰军，一直是朋友眼中的热心汉子。

一件危险重重的事

跳下河时，水下浮出两名男子。两名男子浮在水上，扶着车身。丁瑰军从他们口中得知，车上一共有4个人。

在确认两名男子暂时没有危险后，丁瑰军决定先把车里的人救出来。他尝试拉了一下车门，但因为水的压力，车门没能拉开。“只能等，等水灌进车里，车门内外压力平衡一些，才能把车门拉开。”

“中间拉了几次，终于拉开车门后，马上一个猛子扎进车厢。”丁瑰军说，因为撞击，车里已乱成一团，一个大的车零件卡在车厢里。在黑暗的河水里，在杂乱的车厢里，丁瑰军两次下潜，终于清出了那个车零件。第三次下潜，他摸到了坐在副驾驶室的一名男子。

“人已经昏迷了，完全没办法自救。我好不容易憋着气解开了安全带，但拽了两次，还是没拽上来。”丁瑰军说，第四次下潜，他终于把这名男子救了上来。

此时，最先浮出水面的两名男子已经缓过神来，配合着丁瑰军，把昏迷男子拽上车顶。“我给他做了人工呼吸，后来他吐了一口水，开始喘气。虽然还没有清醒，但至少已暂时脱离危险了。”丁瑰军说，虽然他想继续对昏迷男子施救，但时间已不允许了。

从事故发生，到昏迷男子喘气，时间已过去约20分钟，但最后一个落水者还没找到。此时，气喘吁吁的丁瑰军，满脑子只剩一个念头，“再拼一次”！

“又潜到车厢里摸了一遍，但很可惜，没摸到。”他遗憾地说。

一件意料不到的事

丁瑰军第五次浮出水面时，救援人员已经赶到。

“尽力了。再下去的话，也许我就上不来了。”丁瑰军爬上岸后，找到自己的衣服，准备拿手机给朋友报平安，并让朋友接他回去。然而，丁瑰军诧异地发现，手机不见了。无奈，丁瑰军只得借了围观群众的手机，叫来了朋友。

“朋友把我送到一家旅馆，给我买了干净的衣服、鞋子。第二天，朋友还是气不过，就向媒体曝光了我手机被偷的事情。”丁瑰军说。

因为朋友的曝光，媒体才得知，凌晨冒死救人后悄悄离开的英雄，竟然还有这样意想不到的遭遇。也正是因为朋友的气不过，悄悄离开的英雄，又回到了人们的眼前。

（徐海军）

2017年3月16日23点48分，汾湖高新区雪巷村村口的监控记录下了惊险一幕。

一辆时速约80公里的汽车侧翻在地，很快车头开始起烟，火烧了起来，情况危急。

他恰好驾车路过此地，目睹了车祸；她住在附近，听到有人喊救命。两人不约而同冲向了车子，他奋力拽开了副驾驶的门，她也跟着上前，将驾驶员从车里拉了出来。在逃生仅18秒后，火势便蔓延到了驾驶室，整辆汽车都被大火包围。

他们，就是苏州好人——余友运、何苗。

全家坝派出所
fear of god
241425
奖 金
奖 金

余友运、何苗："那是一条人命"

2017年3月16日23点48分，汾湖高新区雪巷村，村口监控记录下了惊险一幕。

23点48分46秒，一辆汽车穿过周湖线进入监控视野；6秒钟后，汽车撞倒第一棵树；9秒钟后，一片树冠从监控中扫过，汽车侧翻在地，烟尘漫天飞舞。

23点50分03秒，汽车车头起烟；50分41秒，车头闪过火光……

所幸的是，因为有两位新吴江人的舍身相救，汽车车主最终脱离了险境。

驾驶员被救18秒后
火势蔓延到驾驶室

当夜，余友运驾车沿周湖线由西向东行驶，即将经过金库路路口时，一辆汽车由南向北急驶而来。

"车子穿过周湖线时，带起了一阵烟尘，可能是车主想刹车，但没有刹住。"余友运介绍，"目测的话，当时这辆汽车时速得有80公里。在冲进雪巷村入口时，偏向了路西侧，撞断几棵树后翻得四轮朝天。"

发现有车出了事故，余友运立即将车停在路边，掏出手机，将事发地点和经过告知了警方。

"我报完警后，车头就开始起烟了，很快火就烧了起来。"余友运说，当时他距离汽车大概20米，依旧可以听到"砰砰"的响声，"我开始以为是车头燃烧时发出的爆裂声，后来才知道是驾驶员在拍车门。那时候火已经烧得有尺把高了，油箱随时都有可能被引爆，如果再不上去救人的话，车里的人就要危险了。"

23点52分50秒，余友运穿过周湖线，走进监控的视野。

此时，住在周湖线南侧的“95后”四川女孩何苗，也一路小跑着赶到了现场。“我在路对面就听到有人喊救命，于是告诉余大叔，车里肯定有人。”何苗说。

确认车上有人后，23点54分05秒，余友运顾不得危险，冲到车旁，奋力拽开了副驾驶的门，何苗也跟着上前，将驾驶员从车里拉了出来。

驾驶员逃生仅18秒后，23点54分30秒，火势便蔓延到了驾驶室。很快，整辆汽车都被大火包围，监控画面中火光冲天，浓烟密布。

同样的地点同样的车祸
不一样的结局

余友运告诉记者，救出驾驶员后，他反复询问驾驶员车上还有没有其他人，“问了好几遍，都说没有，我和何苗这才放心”。

“经检测，驾驶员血液中酒精含量高达162毫克每百毫升。”在金家坝派出所民警朱梦秋的记忆里，2007年，在同样的地点，也曾发生过一起因醉驾而发生的事故，“当时那辆车在撞击之后，也翻滚起火了，驾驶员在翻滚时被甩出车外，当场死亡。处理事故时，我问驾驶员知不知道那起事故，他说知道，还认识那个人，他们是一个村的。”

同样的地点，同样的事故，不同的是，在16日深夜的事故中，驾驶员遇到了两名好心人，因而得以幸免。

救出驾驶员后，何苗曾用手机录下车子燃烧的一段视频。视频中，口齿不清的驾驶员一直在感谢她和余友运：“好在你们把我……救我出来，真的……否则我真的死在里面了要。”

即便是在金家坝派出所民警受吴江区见义勇为基金会委托，表彰慰问何苗与余友运时，何苗也只是简单地说：“那是一条人命，总不能看他困在车里被烧死吧！”

（徐海军）

她是福建宁德人，来盛泽已14年了。

她很忙，为了家庭的幸福生活，她打过工，进过厂，开过店，没日没夜地干活，累到住院；她很忙，为了别人的幸福笑脸，无论工作再怎么忙，只要有合适的公益活动，她一定抽时间参加。直到6年前，她成为公益团队的负责人。

身边人骂她傻，她淡然一笑："将来我也会有老的一天，如果到那时，也会有人像我今天一样来看我，那是多好的事情。"

她，就是苏州好人——兰玲玲。

兰玲玲：
“如果以后也有人来看我，那多好”

“我是山里来的妹子。”开门见山，兰玲玲笑着跟笔者说。

认识兰玲玲有好几年了，在当地义工群组织的每次公益活动中，几乎都能看到她的身影。她是群里的骨干，做事积极，有股子山妹子的豪爽气。

玲玲的老家在福建宁德一个小山村，村里穷到外面的老师都不愿意来教书，从她家到学校要走一个多小时的山路。

“我没读过多少书，倒不是因为家里穷，而是因为小时候身体不好连续请假，后来索性就不去读了。”兰玲玲读到小学五年级就辍学了，先是在家跟着姐姐做工赚钱，18岁南下广州帮哥哥打理生意，5年后嫁到嘉兴，又跟随丈夫到盛泽。两人白手起家，打过工，进过厂，开过店，她的人生经历跌宕而丰富。

“至今回想起来，我不觉得苦。”反倒是这样的人生经历让她拥有了一份发自内心的善意，而身为退役军人的父亲也赋予了她正直的性格。2013年3月，当地镜湖社区招募志愿者，还在衡悦广场开店的她听隔壁老板娘说起，二话不说关照完店里就去报了名，跟着社区的大叔大妈们一起，为居民理发，做早教咨询，为雅安地震灾区募集物资等，随叫随到。

这个1985年出生的山妹子很拼，没日没夜地工作，甚至累到身体透支住院。但无论再怎么忙，只要有活动，她一定抽时间积极参加。身边人骂她傻，好不容易有空余的时间，为什么不去睡睡觉，休养下？她淡然一笑：“将来我也会有老的一天，如果到那时，也会有人像我今天一样来看我，那是多好的事情。”

玲玲很忙，一半为工作，一半为公益。采访间隙，她接了个朋友的电话，说正在打包500件“衣加衣”温暖行动捐赠的外套，要以“星星公益”爱心群的名义自费寄给云南腾冲的孩子。

“星星公益”爱心群成立于2014年年底。当时，为了更好、更规范地为公益服务，一群有着爱心、热爱生活的志愿者走到一起，组成了这个联盟。就在那时，兰玲玲被大家推选为队长，负责整个团队的志愿服务活动。

创立之初，每次开展活动只能组织十多名志愿者参加。现在，“星星公益”的注册志愿者已有371人，而且志愿者参加公益服务活动的热情很高。连续四年多，志愿者们每月到“情暖慈爱护理院”为老人们免费理发，过集体生日；2018年，“星星公益”启动“河小青”民间河长系列活动，每月由1名河长带领2名志愿者巡逻河道，查看警示牌是否完好无损、河道内是否有垃圾等；志愿者们积极参与当地团委组织的献血、捐衣、扶贫和宣传禁燃禁放政策等公益活动……

“她真的是个热心肠的人。”同为“星星”的刘娣菲说，她和兰玲玲结识于一场公益活动，当时，玲玲身上的正能量深深感染了她。也是在玲玲的影响下，刘娣菲爱上了公益事业，并进入了“星星公益”群。

有首歌的歌词是“大山的子孙爱太阳”，从福建大山中走出来的玲玲也很喜欢太阳。在她眼里，太阳是那些沉甸甸的包裹，是额角滴下的汗水，是完成善举后的轻松，是受到帮助后人们露出的真诚的笑脸……

（杨隽）

第三届吴江好人

陈海：正义在身浑不怕

上午9点多，陈海刚刚开完晨会，正在电脑前浏览文件。陈海于1974年8月出生，中共党员，研究生学历，现任吴江区公安局治安管理大队副大队长。

从警以来，他始终心系群众，公正执法，爱岗敬业，甘于奉献，勤奋钻研，勇于攻坚，用奉献书写无华，用敬业彰显忠诚，自觉履行“人民公安为人民”的庄严承诺，树立了新时期人民公安的良好形象，赢得了广泛赞誉。

勤奋努力，脱颖而出

1995年，陈海毕业于原江苏省人民警察学校，同年分配至徐州新沂市公安局工作。渐渐地，他发现，原来所学的知识已不能满足工作形势的变化，于是，在离开校园10年后，陈海决定报考研究生。2006年，他考入了中国刑警学院研究生院，并在读研期间通过了国家司法考试。

2009年，硕士研究生毕业的陈海因学业优秀被吴江区公安局特招，分配至盛泽派出所从事社区警务工作。作为一名基层民警，他经常加班加点，调处纠纷、收集治安信息，优秀的素质很快得到体现。

因工作认真负责，成绩突出，一年后陈海被领导和同事们推选为执法办案队警长。2012年初，凭借突出的工作成绩、完备的法律理论知识、过硬的警务实战技能和良好的体能，陈海被任命为治安大队四中队副中队长，负责盛泽、震泽、平望、七都、桃源西片辖区黄、赌案件的查禁工作。

24小时随时待命

陈海说："我们的工作与百姓息息相关。大到整个社会的治安稳定，小到百姓的家庭幸福，涉赌、涉黄案件的负面影响都很大。"不管是涉黄，还是涉赌案件，抓捕的时机都很重要。有利的时机往往稍纵即逝，为此陈海的手机总是24小时开机，他自己也是随时待命。

2013年12月初，区公安局接报，吴江某纺织公司老板拖欠工资逃跑，因涉及人员较多、金额较大，且临近年关，该厂工人曾三次至当地政府上访，严重影响社会稳定。案件交到陈海手里，他坚持每日到该企业开展调查取证工作，吃透案情，凭借过硬的法律功底，对案件准确定性，终于促使该案在2014年1月4日正式立案调查。两日后，犯罪嫌疑人庞某被网上追逃。犯罪嫌疑人被湖南长沙警方抓获后，陈海又连夜驱车1200公里，安全带回嫌疑人，成功追回该企业拖欠的20余名工人工资款53万余元。

正义在身浑不怕

2014年10月27日，陈海和同事根据线索，在盛泽某商业楼一房间内查获一场聚众赌博，现场查获涉赌人员30人。

当时场面看似已经得到控制，陈海将房间内唯一出口堵住，防止涉案人员逃脱，其他同事则开始清理现场。这时，一名男子突然站起，用身边一把扫帚的铁质手柄径直向陈海面部戳去，同时叫嚷着让其他被控制人员分头逃窜。陈海的右脸下角当即被戳穿，鲜血直滴，但他仍坚持堵住出口，指挥队员全力控制住现场局面。直到现场再次被控制住，陈海的衣服已被鲜血浸湿了。

2016年，陈海升任区公安局治安管理大队副大队长。2018年8月，他开始负责环食药工作。对于陈海来说，这又是一个新的工作领域，但无论工作内容如何变，他始终坚持一个信条：正义在身浑不怕。

（金邵斐）

陈小林：“大丈夫”关爱病妻42年

在盛泽坛丘村，说起陈小林，村民们都会竖起大拇指——42年中，他照顾重病妻子不离不弃，始终用真情温暖着家人。遗憾的是，2019年，陈小林的妻子唐桂英不敌病魔，最终还是离开了人世。但陈小林42年如一日地关爱与照顾妻子的事迹，成为坛丘村的一段佳话，更让他成了全村人学习的榜样。

妻子患病
丈夫挑起家庭重担

1976年，26岁的陈小林和23岁的唐桂英相恋，并结为夫妻。一年后，当这个幸福家庭期待着一个新生命的诞生时，唐桂英的身体却开始出现异样。“当时，我们以为这是孕期的症状，等她生完孩子就会好起来。”陈小林回忆说，没想到，情况反而越发严重。

为了给唐桂英治病，陈小林选择前往医疗条件更好的杭州看病。那时交通不发达，出远门都是坐船。陈小林说：“当时，我背着妻子，带着孩子，中午1点出发，坐船到塘西过夜。第二天，我们再赶到杭州。”

在杭州一家医院治疗后，医生告诉陈小林，妻子患的是类风湿性关节炎，只能控制病情，无法根治。陈小林听后，整个人都蒙了。对这个原本就不富裕的家庭来说，唐桂英的病情无疑是雪上加霜。但面对患病的妻子和刚出生的儿子，陈小林不离不弃，挑起了家庭重担。

历尽艰辛
42年守护无怨无悔

每天早上，陈小林都会准时醒来，起身来到唐桂英床前，替她打水清洗、端屎倒尿，再替她翻身、按摩……接着陈小林再开始一天的忙碌，烧饭、喂饭、聊天……就这样，他已经日复一日、年复一年地坚持了42年。

一个年轻小伙子成天干这些，免不了会惹人嘲笑。不过陈小林没得选择，也毫不在意这些。唐桂英患病瘫痪，孩子年幼，岳父年迈，所有这一切，他毅然决然地一人扛下来。

2008年开始，唐桂英的病情越发严重，全身静脉萎缩，关节肿胀成块，就连排便都要借助导管。那时，唐桂英每天只能勉强支撑身体坐起来半小时，其他时间只能卧病在床。洗脸、擦身、翻身、端水、递饭……每天起来，陈小林就开始忙活这些。

为了一家人的生计和唐桂英的治疗费用，陈小林就像上紧的发条，拼命干活。他既要上班，还要忙地里的活，处理家里的事。尽管工作操劳，但他对唐桂英的照顾仍是无微不至。唐桂英偶尔因为疾病疼痛发一些小脾气，陈小林也从不生气，而是默默地帮她按摩，缓解她的不适。

相濡以沫
“大丈夫”心有真柔情

“妻子4岁时便没有了母亲。当年，她嫁给我时，我也只是一个瓦匠，家里的条件很简陋。不过，我答应我的岳父，会照顾她一辈子。”这是当时陈小林对岳父的一句简单的承诺，但是大丈夫言出必行，陈小林做到了。

四十二载，15000多个日日夜夜，在这个普通的家庭里，陈小林对妻子无微不至地关爱，唐桂英坚韧不拔对抗病魔，一家人相亲相爱，用行动谱写了一段患难夫妻恩爱相守的佳话。

对病妻照顾有加，陈小林对外人也很热心肠。看到邻居们哪家有事，他总会伸手帮忙，这也让他成了村民时常挂在嘴边的“坛丘村好人”。

（贾黎）

何朝林：闹市街头有人持刀抢劫 他挺身而出

2014年4月23日上午10点，江陵“的哥”何朝林在盛泽汽车站门口排队等客。一瘦小伙开门上车，说要去“镇上”。一脚油门，何朝林驾车驶上了盛泽大道。

坐在后排的小伙子开口就问：“盛泽治安怎么样？”“挺好的呀。”何朝林回答说。小伙子紧接着又问：“有过抢劫吗？”何朝林一愣，但此时的他还没多想：“很少的吧，反正我从来没见到过。”

失恋小伙真要抢劫

“那我就来做一次。”小伙子这句狠话让何朝林一惊。“你要抢劫啊？”何朝林感觉小伙子有些蹊跷。当了十几年出租车驾驶员，无厘头的乘客也见过不少，何朝林拿不准小伙子的话是真是假，便试着打探。这一问，小伙子“哇”的一声哭开了：“女朋友把我甩了，很痛苦。”

原来是闹失恋呢。何朝林这下松了口气，他以为后座这名失恋的年轻人只是说几句傻话发泄一下，就劝导说：“年轻人别冲动，千万要想开些，别做傻事。”

小伙子又一阵痛哭：“我恨天下所有女人！”这句话让何朝林警觉了，他觉得小伙子的情绪挺激动，别真做出傻事来。

何朝林把车越开越慢，一路开导小伙。车子行至东方广场，路上行人越来越多，小伙子要求下车，掏出100块钱给何朝林：“不用找了！”

危急时刻他徒手夺刀

这下何朝林害怕了——车费才11块钱，他给100块还不用找钱？何况他还声称自己有刀。不好，小伙子真要抢劫！何朝林一把抓住小伙子的胳膊，想稳住他。

但小伙子挣脱了，把钱扔到车里，一把甩开何朝林的手，下了车就往后面跑。

何朝林想报警，看到前方有民警巡逻，他一脚油门开过去："不好了，可能有人要抢劫！"接着他又调头朝小伙子下车的方向开。才片刻功夫，广场边上一处自动取款机旁已经围了一些人。

"抢劫了！快报警！"何朝林听到了市民的惊呼。

何朝林车门都没来得及关，冲进人群，看到了惊险一幕：自动取款机旁，小伙子拿刀挟持一名女子，情绪激动。“小伙子别干傻事！快把刀放下！”何朝林一边劝导，一边慢慢朝他靠近。“别管我，再过来连你一起捅了！”小伙子刀尖指向何朝林，放着狠话。趁小伙子的注意力转向被挟持女子的那一刻，何朝林一把抓住了小伙子拿刀的手。

为救人忘记个人安危

事发银行的大堂工作人员目睹了夺刀一幕。“事情很突然的，当时那名女士正准备进入自动取款机的安全屋内取钱，突然身后的小个子男子把她推进屋去，试图把屋门反锁进行抢劫。女士推开门跑出来呼救，但被那个男的抓住了。”大堂经理石先生告诉记者，他和银行保安反应过来后，也赶忙上前，但男子很激动，手上有刀，他们不敢贸然行动。

“歹徒似乎和‘的哥’认识，愣了一下。那‘的哥’就趁机抓住他持刀的手，同时警察也赶到现场，一起将歹徒制服，救下了被劫的女士，整个过程不过3分钟。”石先生说。

“当时也没觉得害怕，可能是因为我当过兵，心理素质好一点，反正当时就想着夺刀救人。”何朝林1970年出生，老家在河南固始，19岁入伍，在部队锻炼过三年。他1994年来到吴江，2002年到江陵公司开出租车，是一名老驾驶员了。

尽管常提醒自己安全第一，但在抢劫现场，何朝林还是为了救人忘记了个人安危。

（张建岚　俞瑞凌）

刘彬彬：用“生命种子”重燃他人生命之火

待人真诚，乐观开朗，富有爱心……这是身边人对刘彬彬的印象。这名看似普通的“85后”男子还有一个特殊的身份——吴江第7名、苏州市第99名成功捐献造血干细胞的志愿者。

跨越大半个中国结下“髓缘”

刘彬彬是江苏东台人，大学毕业后来到吴江工作，并在这儿安了家。之前，刘彬彬是建行吴江分行菀坪支行的客户经理，现在他已调到苏州市区的建行工作。

从2006年开始，刘彬彬就经常参加无偿献血，累计献血达10余次。据他回忆，2010年，他在家乡东台献血时多采了6毫升血，成了一名捐献造血干细胞的志愿者。

让人想不到的是，刘彬彬与远在广东的一名白血病患者结下了“髓缘”。2014年11月，刘彬彬接到了区红十字会工作人员的电话，对方称其与一患者初配成功；当年12月，他进行了高分辨检测，也顺利过关；2015年3月，体检通过后，他一直在等待患者方面的消息。2015年5月，刘彬彬在捐髓同意书上签上自己的名字，并于5月25日在苏大附一院成功捐献造血干细胞。同时，刘彬彬也成为吴江金融系统捐髓第一人，也是“新吴江人”中的捐髓第一人。

为捐髓推迟要小孩

当得知自己与一患者初配成功时，刘彬彬刚结婚不久，正和妻子准备要

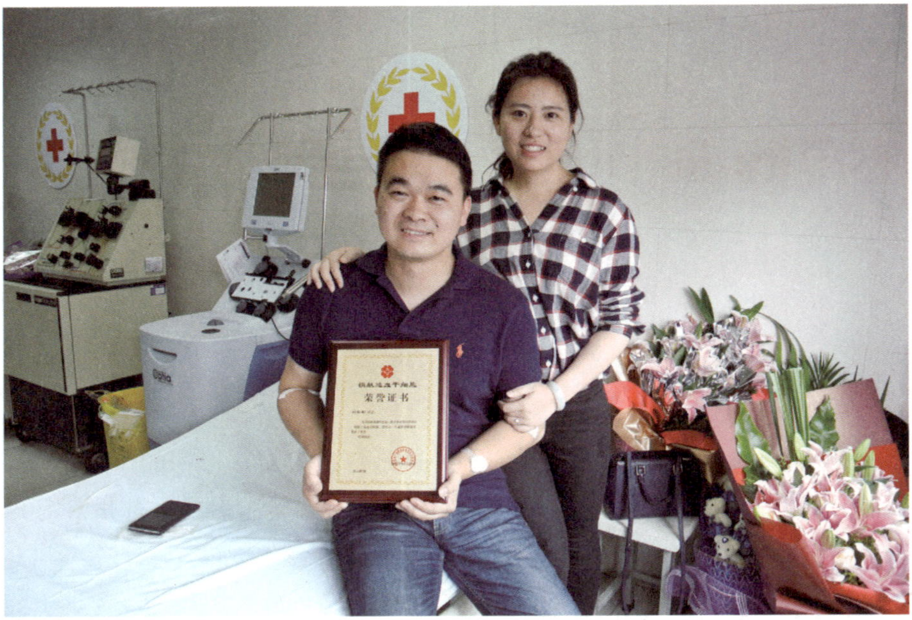

个小孩，但想到另一个生命正在等待他的帮助，他做通了家人的思想工作，和妻子决定推迟要小孩。

“说实话，一开始我对捐献造血干细胞这个事并不太了解，还是有点担心的。”刘彬彬的妻子景燕告诉记者，后来在丈夫的科普下，她自己也上网查了相关资料，知道对身体没有太大影响，也就放心了。“不会对他的身体造成不良影响，又能救人一命，我肯定支持。”景燕说。

“他一直是个有爱心的人，对人真诚，也可能是这一点打动了我吧。”妻子十分支持刘彬彬的爱心行为，笑着说道。刘彬彬说，他的父亲因患癌症去世，生病期间也曾得到过社会的帮助，他一直想着回报社会，没想到这样的机会真的来了。

善行点燃生命之火

用善行为陌生人送去生活的希望，点燃他人的生命之火，刘彬彬的行为，赢得了社会的赞誉，但他并没有觉得自己做了多了不起的事。在他看来，能够通过自己的力量挽救另一个生命，本身是一件幸运的事。

如今，刘彬彬已是两个小孩的爸爸，大宝3岁，小宝也快16个月了，家庭美满幸福。

回想起当初捐髓的情景，他说，很幸运能够有机会帮助别人，让另一个家庭完整，如果以后还有这样的机会，他依旧会毫不犹豫地伸出援手。

多年来，刘彬彬一直默默奉献着自己的爱心，遇到需要帮助的人就做一些力所能及的事。面对笔者，他呼吁，希望有更多的人加入中华骨髓库，让更多的患者多一分生的希望。

（吴菲）

刘春云：用最积极的心态面对生活

时隔5年，笔者再次探访刘春云，他正带着他的母亲在外地治疗，未能见面，较为遗憾。

时间回到2014年，那是笔者初次见到刘春云，当时他正在准备午饭。见我们到来，他赶紧停下手中的活，客气地让我们坐下。这间屋子既是家里的客厅，也做厨房、餐厅用。八仙桌被擦拭得干干净净，桌上有一台老式的收音机。

妻子遭遇不幸，他坚强面对

刘春云出生于1956年，是土生土长的庙港人，原在七都镇庙港供销社工作。他在供销社辛勤工作了三十多年，于2004年下岗。下岗后，他开始打零工维持家庭的日常生活。对生活，他依然乐观。日子总会一天比一天好过，他时常这样勉励自己。

不幸却悄然降临这个普通的家庭。2009年，刘春云的妻子患上肺癌。医生说，这样的病情只能够活一年。他十分难过，性格中坚韧的一面在那一刻流露出来。他不甘心，他要再努力试试，哪怕不能让妻子活下来，至少能够延长她的生命。

于是，他开始了无微不至地照料。如何改善化疗期的呕吐症状，如何改善饮食，结合食疗……来缓解这样的病情，哪怕是微不足道的好转，他亦知足。无论如何，只要有百分之一的可能，他都要付出百分之百的努力。

不幸接踵而至，他积极面对

三年后，刘春云的妻子离开了人世。妻子去世后，刘春云的父亲患上老年性瘫痪，卧病在床，生活不能自理。每天，刘春云要给父亲擦身两次，换尿不湿，定时给老人喂食。夜晚的某个时刻，他也会慨叹命运的不公。但是很快，他就会调节好心态，平静地睡去。过好今天，明天的事，明天再考虑。

父亲去世后，他继续照顾失明的母亲。刘春云的母亲49岁那年，因急性青光眼而视神经萎缩，之后双目失明，至今已30余年。

刘春云现在和母亲生活在一起。粗茶淡饭，简单生活。他说，有些事要放在心里，不能放在面上，日子总要过。他享受着现在的平淡生活。他在讲述那些艰难的处境时，脸上浮现着笑容。

经历了这些事后，刘春云的人生观和世界观也开始慢慢地完善。"风物长宜放眼量""大肚能容天下事"……他告诫自己，不能压抑，要心胸开阔，用最积极的心态面对生活。

生活中磨难不断，他智慧面对

如今，刘春云与母亲两个人的生活，简单却不失趣味。母亲守着那一台老式收音机，常听《苏阿姨谈家常》。

刘春云专注于健身和养生。每天早上五六点钟，他都会去太湖边晨练，打打拳，做做关节操；晚饭后的一个半小时，也会用来散步。每天早晨一碗面，常吃生姜、洋葱、大蒜，多吃蔬菜少吃肉。规律的生活让他远离疾病，保持健康。他说，保护好自己，才能去照顾家人，这样，不仅不会影响自己的工作，也避免了让家人为自己操心。这就是他的“孝顺观”。

说起孝顺，他说，从前他做人事工作，深知人的工作最难做，身教重于言教，以身作则，才能影响他人。很多人问他，这些年是如何过来的？他只淡淡地说，人要开朗，不能着急，很多时候需要有点“难得糊涂”的精神，过好今天再去考虑明天。

（陆樱）

吕美华：亦姐亦母照顾病弟三十载

“小杨，谢谢你还记得我。”时隔5年给吕美华打电话，她一听声音就认出了笔者。

“我弟弟的身体还可以，我定期送他去医院检查检查。”吕阿婆在电话里说，自己年纪大了，去年腿关节做了手术，现在走路有点一瘸一拐。“瘸点没关系，只要不痛就行。”

如今，吕阿婆已经77岁，弟弟阿世也72岁了。30年来，72岁的弟弟像孩子一样依赖姐姐，姐姐像对待孩子一样细心看护着弟弟。

相依为命的姐弟

5年前的腊月廿七，笔者造访了八圻社区南浩街12-3号一座安静的小院。

正是午饭时间。“阿世，吃饭啰——”吕阿婆端出饭菜，喊着弟弟来吃饭。从屋外跑进来一个蹦蹦跳跳的老人，乖乖地坐下端起饭碗，低头扒一口，抬头望一眼姐姐：“阿姐，你也吃。”

都说“长嫂如母”，阿世没有哥哥，没有大嫂，只有两个姐姐。吕阿婆的女儿出嫁、儿子成家后，家里剩下了母亲和阿世。30年来，作为二姐，吕阿婆承担起了亦姐亦母的角色。每次去康复医院给弟弟配药，看到医院里的病人，想到家里的弟弟，吕阿婆总会忍不住抹眼泪。“每次他犯病严重，搅得心烦意乱时，我就想想他受的苦。”

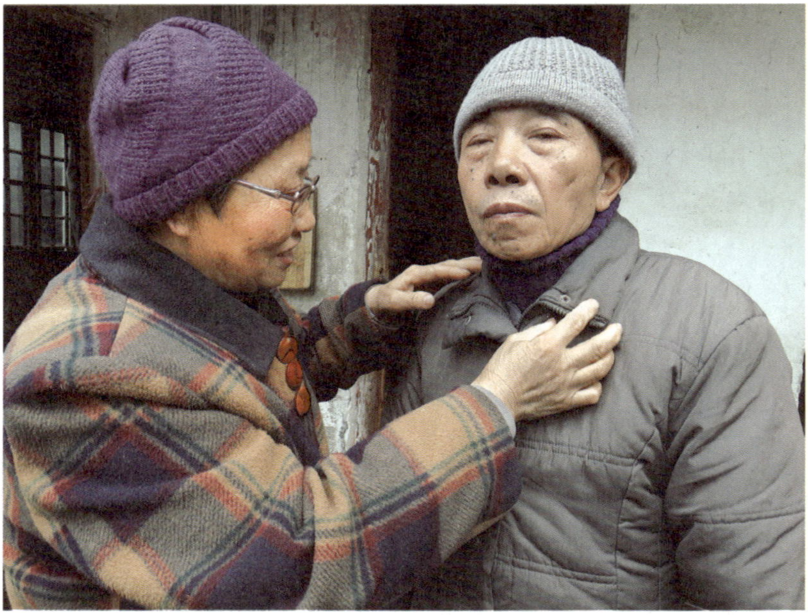

相互紧挨的床铺

阿世有二级智力残疾，基本上什么都不会，对姐姐很依赖。吕阿婆每次出门时间稍微长一点，都要随身带好手机，提醒弟弟到点吃饭。“他会插电饭煲插头。”吕阿婆说，出门前淘好米，“想喝粥就多放点水，想吃饭就少放点水，要关照好。”

吕阿婆照顾弟弟就像照顾小孩。阿世天冷了不知道加衣服，天热了不知道脱衣服，衣服常常前后颠倒，也不知道更换，不会剪脚趾甲、手指甲……厢房里，阿世的床就紧挨着吕阿婆的。姐姐的在里面，弟弟的在外面。晚上，姐姐总要帮弟弟掖好被角再睡。

阿世年纪大了，除了精神类药物，还得吃治疗心脏病、糖尿病、高血压的药。吕阿婆每隔一个星期准备一次，怕弟弟搞不清楚，就用系绳来区分，早上、中午、晚上的药分别用不系绳、系红绳和系黑绳来区别。她说，幸好弟弟肯吃药，也幸好有一笔退休工资，“不然我们只能送医院，阿世也会更苦。”

八年前，老母亲过世的时候，拉着吕美华的手说，最放心不下的就是阿世和她。

年过古稀的“小孩”

阿世的大名叫吕世鸿，72岁了，却仍像个长不大的小孩一样。

“你看他的眼神，呆呆的。”吕阿婆说，阿世生下来时不是这样的。阿世4岁那年，街坊孩子恶作剧，把他关在一个暗房里，还脱掉了他身上的衣服。“我记得是菊花盛开的农历九月，天气已经有点凉了。”又冷又怕的阿世最后被发现时，啼哭不止，怎么都哄不住。

吕阿婆回忆说，阿世整夜都在大哭，并出现了痉挛、抽搐等症状。

受到惊吓的阿世心智发育就此停滞了。后来，最小的弟弟到了上学的年纪，“他也跟着去，但他哪会识字啊，什么都不懂，就是去‘关着’”。然而，“读”了两年，学校也不要他了。阿世就这么一直在家里长大，成年后去福利厂做最不需要动脑筋的体力活。

（杨隽）

潘冬喜：颈中四刀勇擒毒贩

潘冬喜脖子上的刀疤印至今清晰可见。这条刀疤，来自潘冬喜与犯罪嫌疑人的一场搏斗。

时间的指针拨回到2014年1月14日。当天上午10点半，苏州市九院（吴江区一院）急诊大楼201病床上，潘冬喜光着膀子侧躺着，身上包扎伤口的白色纱布十分刺眼，头上还箍着白色网罩。床头柜上，印着“治安巡逻”的白色头盔上，血迹斑斑。

一个眼神，“这个人肯定有‘问题’”

就在上一个深夜，他在巡逻途中与犯罪嫌疑人上演了惊魂一幕，受伤卧床。

与每个值班的晚上一样，完成集合后，潘冬喜开上警用巡逻摩托车，载上搭档，往分管的巡区驶去。

深夜零点20分左右，在524国道大江桥北侧路段，一名长发男子正打着电话。“当我们对视时，我看到他眼神里闪过一丝惶恐。”凭借多年巡逻经验，潘冬喜断定：这个人有“问题”。

“师傅你好，请出示一下你的证件。”在看过身份证后，潘冬喜继续盘查：“请出示一下你的随身物品。”

“我追问也是有原因的，他的左裤袋鼓鼓的，而且看到我们下车，他比之前更慌张了。”躺在病床上的潘冬喜告诉记者。听到潘冬喜的要求，长发男子依次掏出手机以及一个类似MP3的东西。而潘冬喜最怀疑的左口袋，他

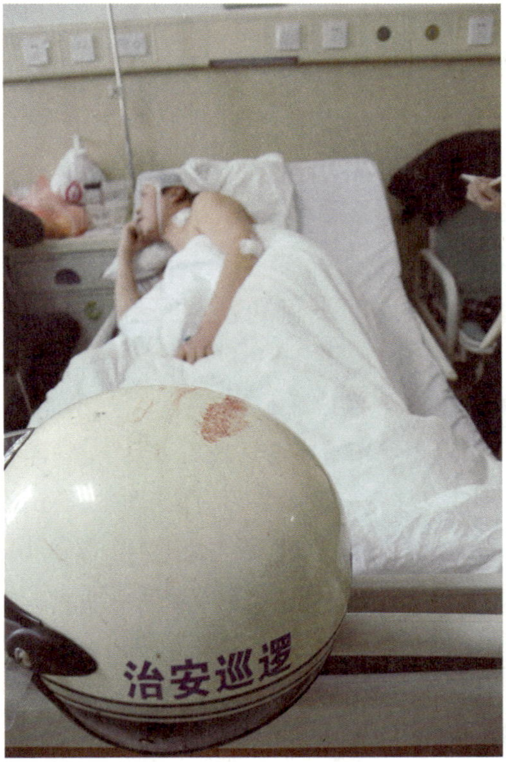

却用手紧紧捂着。

“当我再次要求他将左口袋里的东西拿出来时，他突然撒腿就跑。这也证明了里面肯定藏了见不得人的东西。”再次回忆这一切，潘冬喜这么说。

被捅四刀，“感觉脖子里热乎乎的”

长发男子姓孔，是个20来岁的年轻人，身手矫健。用潘冬喜的话说，孔某跑得特别“凶”。

见孔某夺路而逃，潘冬喜也不甘示弱，一路猛追，这是他当了这么多年辅警的本能反应。在一处围墙边，潘冬喜将孔某按倒在地，然而孔某并没有束手就擒，反而更激烈地挣扎。潘冬喜的搭档也在一旁拼命帮忙。

“忽然，我感觉脖子里热乎乎的，再接着就看到血冒出来了。”潘冬喜说到这里，眼睛更有神了，“当时没想到身上还有其他地方受伤，只想着要将他擒住。”

发现脖子受伤后，潘冬喜的第一反应是提醒搭档：“小心，他手里有刀。”潘冬喜一手捂住脖子，一手将孔某彻底擒住。紧接着，通过电台呼叫，潘冬喜向派出所领导做了汇报。

当时的潘冬喜尚不知，自己已被捅4刀，他的鲜血溅红了那堵围墙。

兢兢业业，“没有问题，三天就能出院”

身上的伤，潘冬喜一点没放在心上，直言“硬伤，没有问题，三天就能出院了”，倒是赶到医院的父亲始终愣愣地看着儿子，一言不发。

原来，孔某所持刀具为一把水果刀，而当时他死死护住、不想被查获的物品，竟是23.8克的冰毒以及一个冰壶，装在一个黑色小盒子里。

在交谈中，潘冬喜多次强调：“我喜欢这份职业。”2019年，潘冬喜已经51岁，他在辅警的岗位上默默坚守了10余载。

事实上，这份工作并不轻松。10余年来，潘冬喜的生活作息随着工作而日夜颠倒——深夜零点上班，早上8点半下班已是常态。“既然选择了，那就必须对得起这份职业。”潘冬喜说，“我的使命就是好好巡逻，守得一方平安。每当一年平安过去，我心里总是有点激动。”

（黄明娟）

王建仁："90后"小伙勇救落水幼童

时隔6年再次提到王建仁，笔者不由得回想起当年与他见面时的情景。

那是2014年，春节假期刚过，"90后"小伙王建仁在大年初三勇救落水男童的事迹就在桃源镇青云社区广为流传，他的英勇行为挽救了4岁男童刘成金的生命，也为那年的春节增添了浓浓暖意。

看管不力
男童落水

见到王建仁时，已是事发一周之后，他正抱着刘成金逗弄。此前经历的险境，这个4岁的孩子已然忘却。

当时，笔者赶到事发地青云社区西埭上时，河边空缺的栅栏已经及时补上，男童父亲刘洪达向记者描述了事发经过。

事发时间为大年初三中午11点左右，刘洪达夫妇正在里屋准备饭菜，打算招待前来做客的亲友。就在这时，他们听见外面一片嘈杂，有人在说小儿子刘成金掉进了门前的河里。

刘洪达夫妇立马扔掉手中东西直奔河边。"我们看到儿子时，他已经被救上岸，浑身都湿透了，脸色也变了，还不停呕吐，估计已经喝了不少水。"再次回忆起这些，刘洪达情绪依然激动，直说心有余悸。

"事发前，刘成金正拿着乒乓球玩耍，所以我们推测，应该是乒乓球滚进了河里，他为了追回球，才失足落入水中。"刘洪达抱起已经平安无事的小儿子，"我当时的心情真是久久难以平复，多亏了好心人啊！"

千钧一发
跳河救人

刘洪达说，他们是外来务工人员，一家四口刚搬到此地，暂住还不到一周，为了省下来回路费，他们选择留在吴江过年。万万没想到，因为自己的稍不留神，他差点失去活泼乖巧的儿子，幸好孩子命大，碰到了好心人。

刘洪达所说的好心人，是同村的“90后”小伙王建仁。当天，是王建仁不顾冰冷刺骨的河水，毫不犹豫跳进河中，救起了刘成金。

“这也不是什么了不起的事，只是正好被我撞见了，换作他人，也会这样做。”这是王建仁见到笔者后说的第一句话。这句话，尽管时隔多年，仍清晰地印在笔者脑海之中。

事发时，王建仁正好准备去舅舅家走亲戚，刚要上车，他发现河中有件蓝色衣服，河面泛动着水纹。“莫非有人落水了？”心里想着，王建仁冲出去一探究竟，果然，他看到河中有一个孩子正在挣扎。

也曾被救
薪火相传

人命关天，王建仁顾不得脱衣服，摘眼镜，直接朝孩子跳去，抓住后，迅速托起游向岸边。“当时情况太紧急了，也没来得及多想，算是条件反射吧。后来我连怎么上岸的，上岸后孩子交给了谁也记不太清了，只知道孩子安全了。”

上岸后，王建仁默默回到家，换了身衣服，这时他才发现，还在口袋里的物品都湿了，手机直接“罢工”了。

虽然事情已过去6年，但许多村民对王建仁奋勇救人的事迹仍有记忆，谈到这个小伙子时，他们纷纷竖起大拇指。

当年，王建仁曾向笔者说起小时候发生在他身上的一件事。“其实，在我五六岁的时候，也曾掉进水里，当时是舅舅救了我。”他顿了一下，接着说，“所以，当我面对这种紧急情况时，没有任何理由选择袖手旁观。”

（黄明娟）

杨兆海："生死时速"救助垂危病人

吴江江舜出租车公司员工杨兆海的家里悬挂着一面锦旗，那是他2015年一次善举的见证。那一年，在这名热心司机驾驶的出租车上，上演了感人的一幕：一名中年男子动静脉血管爆裂，杨兆海一路加速，上演爱心营救，用最快的速度将病人送到了江苏盛泽医院，经过及时救治，病人转危为安。

血透病人亟需抢救

那名当事人徐先生是名血透病人，他在南京做过手术，身体一直不是很好。徐先生在大润发超市盛泽店上班。2015年1月14日，他正巧在超市搬运货品，手部一用力，"嘣"的一声，徐先生隐约感觉手臂疼痛难忍。

"血……"只见鲜血从徐先生的手臂上流淌下来，周围立即围上了几名同事与市民。"赶紧止血！""赶紧送医院吧！"……周围不少市民这么提议。徐先生意识到自己动静脉血管爆裂了，于是，他用力按住出血口。眼看手臂越发肿大，徐先生的脸色也是逐渐变差。意识到情形不对的徐先生，立刻捂着鲜血直喷的手臂，跑出超市，直奔出租车而去。

7分钟开通生命通道

杨兆海是河南固始人，平时在盛泽开出租车载客。事发当时，杨兆海正驾车经过超市门口，手臂鲜血直流的徐先生上了他的车。杨兆海看到徐先生一脸痛苦，手臂上满是鲜血，二话不说，开足马力，加大油门，飞快地向江苏

盛泽医院方向驶去。

为了抢时间救人，杨兆海开着出租车一路疾驰。路上，杨兆海闯了两个红灯，从大润发超市开到江苏盛泽医院仅仅用了7分钟。一路上，杨兆海一直反复说着“快到了，快到了……”安慰惊恐不安的徐先生。

到了医院，徐先生只顾奔向医院急救，也没来得及付车费。看着徐先生进入医院，杨兆海松了口气，关上车门，重新调转车头驶进了车流中。由于及时送医，徐先生脱离了生命危险，情况稳定。

为救人所为可免罚

在得知出租车司机的爱心营救后，徐先生的女儿很是感动，她感谢这名好心司机在父亲遇到突发危险的时候伸出了援助之手。“由于当时情况紧急，没看清他的长相，更没记住车牌号。”徐先生的女儿说，幸好她父亲遇到了杨兆海，否则再晚两分钟，可能就会有生命危险。

为了找到杨兆海，念念不忘救命恩人的徐先生一家到处打听杨兆海。他们去交警部门、出租车公司等处多方寻找。功夫不负有心人，徐先生一家找到了杨兆海，并送去锦旗表示感谢。

杨兆海觉得救人是每一个出租车司机都应该做的，可连闯两次红灯，按照交规会被交警部门扣分，还得缴纳罚款，这让杨兆海及徐先生一家感到了担忧。

事后，交警部门的民警特地找到杨兆海，告诉他，这属于好人好事，为了救人，司机甘愿冒着自己被处罚的危险闯红灯，牺牲自己的个人利益来维护他人的利益甚至生命，客观上也并未造成公共危害，根据违法的情节以及造成的社会影响，当事人递交申请可减轻或免除处罚。

（贾黎）

俞骏：有一分钟热 发六十秒光

2017年，俞骏去世，时年90周岁。这位老人离开了我们，但他对关工工作的热爱一直延续至今。俞骏退休前曾任吴江教师进修学校校长，退休后的他言行如一，“有一分钟热，发六十秒光”。

退而不休发挥余热

俞骏曾说，退休是人生的一个重要环节，怎样把有限的生命投入到无限的生活中去，对一个人实现人生价值很重要。1988年退休后，俞骏被当时的吴江市教育局请去当督学，为学校的教学质量把关。他发现不少教师在退休后有失落感，就在1992年下半年创办了吴江市退离休教育工作者协会并任会长，退休教师们在协会下棋、学艺、春游、比赛，其乐融融。

除了自娱自乐，俞骏觉得退休教师还要继续发挥余热，做点与原来工作贴近的事。2000年3月28日，一个名为“鲈乡三村退休教工觅趣小组”的老年团体成立了。他们的活动场所就是俞骏家的车库。

虽然场地很小，活动也不算频繁，但他们的活动却形式多样，对组内老年朋友的物质、精神和权益都要“管”，从老有所学、老有所乐、老有所为，到老有所健。2003年，退休教师、社区书法家等与鲈乡小学的12名学生一起，举办了科技教育、书法教育和摄影练习等活动。这就是三村社区关工工作的雏形。

引导孩子“日行一善”

后来，俞骏又率先在松陵街道三村社区成立了“假日学校”，组织社区退休教师对孩子进行文化知识和艺术体育方面的辅导，又将自家15平方米的车库腾出来，建成“家庭辅导站”。从2004年至今，已有3000多名来自不同学校的孩子从三村社区“假日学校”“好苗苗辅导班”走出。

俞骏曾说：“一个人的成功和命运，并不一定取决于一次大的行动，更多的时候取决于日常生活中的一些小小的善举。”他创新开设了“道德银行”，倡议“日行一善”，让孩子们从身边的点滴小事做起，从课文、报刊中寻找自己心中敬仰的先进（英雄）人物，将其事迹记录在“日行一善道德手册”中，并加以学习。

几年下来，俞骏对小学生的德育教育收获了实效。2005年的一次“区校联动”家长会上，孙淑婷同学的妈妈在发言中这样感激俞骏带领下的关工工作：“我非常感谢‘区校联动’，自从参加了这项活动，女儿会帮我做家务了，胆子也大了起来，上课时也能主动发言了。”

无私奉献社会的智慧人

俞骏生前眼睛动过4次手术，双眼视力很差，基本处于半盲状态；肾脏也曾因肿瘤动过手术。然而，就是这样一位风烛残年的老人，谈起社区关工工作和学生德育教育时，思维是那样清晰，反应灵敏，常常为社区出招，推出创意十足的社区关工活动，还感染了一群退休老教师一起从事关工工作。

如今，俞骏已仙去，社区和学校依然在继续着这项工作，为青少年健康成长而努力着。

俞骏常说，道德是做人的根本，知识可以从书本上学到，但良好的道德习惯只能在日常生活中培养，要一点一滴地积累，才能成为道德高尚的人。

三村社区党委书记刘琴对俞骏充满了敬意：“老校长是一个倾心温暖他人、尽心为他人着想、无私奉献社会的智慧人！”

（方芳）

周琴：急诊“阵地”里的“白衣天使”

急诊科是医院的前沿阵地，是一个没有硝烟的战场，因为这里是各种急危重症患者最为集中的地方。江苏盛泽医院急诊重症监护室护士长周琴十数年如一日地坚守在急诊科，每天都会接受不同的“战斗”考验，保证抢救的质量，保障患者的安全。

面对患者善于观察

“我们科室之所以被称为‘急诊科’，原因在于我们收治的大多数患者处于紧急状况。我们常常会收治遭遇车祸或有外伤及各种突发急症的患者。”周琴在交流时坦言，面对病情复杂的患者，自己必须善于观察，为患者提供最快捷有效的救治。接到患者后，周琴首先要对患者进行生命体征的测量；观察患者皮肤、瞳孔的变化，心率波动、血压高低情况；对患者进行洗胃和心肺复苏等抢救。周琴告诉记者，急诊科是患者被送进医院的第一道关口，自己必须用心把好。

周琴举例，有天清晨6点半左右，医院突然接到急救电话，有个妇女喝了农药，生命垂危。“当时患者情况紧急，恰巧随120救护车救援的护士身体不适，没法完成任务。于是我马上安排好手上工作，随车赶往患者家中。”周琴清楚地记得，当时患者呼吸微弱，生命体征相当不明显。回院过程中，周琴一刻不停地为患者做着心肺复苏等一系列救援工作。15分钟后，救护车到达医院；又过了3分钟，患者恢复心跳，逐渐开始自主呼吸。随后周琴安排了患者洗胃。在接受一段时间的精心照顾后，患者康复出院了。

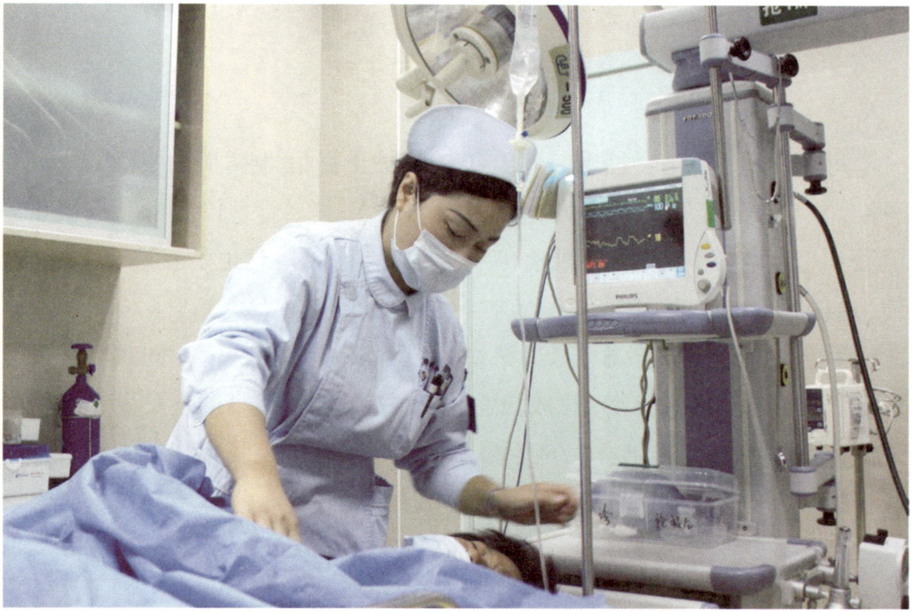

坚守岗位公而忘私

“每天急诊科都会收治好几名危重患者，其中差不多有一半的患者是车祸伤员。”周琴说，有一天半夜里，浙江某地发生了车祸，她和同事们在8小时内连续收治了18名患者，而这样的考验在急诊科随时都会发生。“作为一名急诊科护士，我需要具备娴熟的技术、良好的心理素质和较强的观察能力。”周琴说，自己要不断从小事入手，从细微之处入手，为患者送去健康和温暖。

“因公而忘私”是周琴工作的常态。为了能够尽心尽力地照顾好患者，在工作和家庭两者之间，她有时不得不把前者放在第一位。“有天晚上，我儿子发高烧，烧得全身发烫。当时我在值夜班，只好让我妈妈和妹妹把儿子送到医院看病。”周琴说，虽然当时自己心里很着急，但还是在岗位上坚守到第二天凌晨下班才去看儿子。

视护理工作为生命

每个月，周琴还会抽出时间给年轻的护士做疑难病例的讲解、分析和总结，把自己的经验和技术教给更多的年轻人。“尽管急诊科的工作很累，但看到患者能够恢复健康，所有的辛苦都是值得的。这也是我选择‘白衣天使’这份职业的初衷。”

“急诊科是医院最艰苦、最繁忙、风险系数最高的科室，同时也是最能锻炼人的科室。这些年来，我成长了很多，收获了很多。‘护士是没有翅膀的天使，是真、善、美的化身’，南丁格尔的这句名言也是我人生的追求目标。我视护理工作为生命，视患者的满意为我最大的快乐。”周琴说。

（郗小骥）

陈载："帮助别人，我会感到快乐"

在震泽镇八都社区，有位人人皆知的热心老大姐她叫陈载，今年77岁。提起陈载，社区的工作人员都夸她是个从不计较个人得失的热心人。

自学舞蹈再教人

陈载1998年从八都中学退休后，留校任教了4年，随后又做了2年的档案管理工作，直到2004年才完全歇下来。"有一次，我看到一群退休老人坐在公园里闲聊，就萌生了组建文体队的想法。"陈载说，她牵头找来14个老伙伴，成立了一支文体队。

"我虽然喜欢舞蹈，但其实以前并不会跳。"陈载笑着说，当时她先买来碟片在家自学，再教其他队员。陈载先后自学了太极拳、太极扇、太极剑、腰鼓舞、球操等。因为怕队员们学不会，她把动作要领和注意事项都按照顺序列成表格，到哪一步该做哪个动作都一目了然。创队至今，陈载做的手抄本早已堆满了家里的写字台。

要管理好一支团队，不是件容易的事。每天天不亮，陈载就要组织队员排练，还要协调好设备、场地等问题。陈载说："以前都是早上训练，这几年换成了晚上。要是天气不好，我们就在社区老年活动中心的场地排练，从不间断。"

假日学校继续当老师

退休后，最让陈载牵挂的还是讲台和学生。“说来也怪，刚退休那会儿总是梦到学生，可能是一下子清静了，不习惯吧。”陈载说，正巧2004年社区要办假日学校，她想都没想就去做了志愿者老师。

假日学校一般在暑期开学，持续二十多天，虽然时间不长，但陈载依然用心对待那里的每一名孩子。

一次中午放学，其他学生都走了，一名男生仍留在教室。询问之后，她才知道孩子的爸爸要到中午12点才能来接他，于是她就把那名男生叫到办公室，陪着他等家长来。“关心学生本来就没有分内和分外之分。”陈载说，学生家长当时一直道谢，搞得她反而很不好意思。

有付出，也收获过感动。2007年暑假的一天，天气格外闷热，假日学校的教室里坐满了学生。当时教室里只有一台空调，她站在空调吹不到的地方，一边给学生们上课，一边流着汗。下课后，两个女同学走过来，打开自己的折扇帮她扇起了风。其他学生见状，也都拿起了练习本，帮陈载扇风。那个场景，陈载至今念念不忘。

编纂志书责任重

2006年，陈载开始承担地方志的编纂工作，先后完成了《八都镇志》《震泽镇党史资料》《震泽镇志》《中国名镇志丛书·震泽镇志》《元荡村志》的编纂工作。

地方志是记述地方自然、政治、经济、文化等的资料性文献，其真实性尤为重要。为了能更加全面地了解地方习俗、历史等，陈载坚持多跑、多问、多看。在编纂有关八都建造房屋上梁的内容时，陈载特意骑自行车找到了好几个泥水匠，询问相关风俗细节。“我自己原来都不知道八都有这些习俗，问过后，对家乡有了更多的认识。”陈载说。

还有一次，为了验证某座桥洞里的文字是否存在、正确与否，陈载和同事们设法找来一艘小船，划着小船穿过桥洞，记录下上面雕刻的一副对联。

见面时，陈载正在编纂康力电梯股份有限公司的公司志。已经76岁的她，每天要转两趟公交才能到汾湖。陈载说：“虽然挺辛苦的，但是能帮助别人，我也会感到快乐。”

（俞佳佳）

倪金红：福利院孩子的“司机爸爸”

他是一名普通“的哥”，每天为了生活忙碌着，却总会抽出固定的时间留给区社会福利中心的孩子们。从2009年到2019年，他已连续10年接送福利中心的孩子们，孩子们亲切地叫他为“倪爸爸”。他就是吴江飞达汽车出租有限公司的出租车司机倪金红。

宁可早到也不能让孩子等

2019年1月18日下午，倪金红比往常提早赶到了区教育特殊学校。“刚从苏州火车站回来，再接一单怕是会晚了，就直接过来了。”倪金红说，宁可自己多等一会，也不能让孩子们等。

倪金红在门口足足等了半个小时，才等到学校放学。他熟门熟路地穿过校园，径直走到最北面的教学楼，走上二楼，迎面遇上两个男孩子。两个男孩都是12岁，一个叫兵兵，一个叫奕奕，从幼儿园开始，就是倪金红负责接送他俩。倪金红照例拿过两人的书包，询问他们当天的学校生活，一边聊着天，一边朝校门口走去。

接完两个男孩，倪金红又马不停蹄地赶往吴江开发区海悦花园小区。倪金红说：“有个大一点的姑娘已经上班了，这两个小的明天就放假了，大的还是要每天接送的。”倪金红口中的“大姑娘”就是小怡，今年20岁，特殊学校毕业后，在爱心人士的帮助下找了一份工作，但每天上下班依旧需要倪金红接送。

10年风雨无阻接送孩子

“大概在2009年9月，我们‘爱心车队’开展了爱心接送福利院孩子的活动。刚开始由20名驾驶员轮流接送孩子上下学、去康复中心和医院。后来因为需要接送的孩子人数逐渐减少，接送的司机就变成了我一人。”倪金红自己都没想到，这一做就是10年。

起初，福利院和康复医院距离较远，除了上下学，倪金红每天还要负责送一部分孩子去进行康复治疗。每天在康复医院和福利院之间往返接送，倪金红还不时帮福利院的阿姨做些事。即使每天少做几趟生意，他也无怨无悔。哪天如果有事来不了，他也会让同事过来接班，没有一次落下过。

后来福利中心搬到了康复医院旁边，倪金红的活轻松了不少。每天早晨7点，他准时出车到福利中心，接上上学和上班的孩子，把他们安全送到后，他才开始接单做生意。下午3点15分，是接送福利中心孩子放学的时间；下午3点半，则是小怡下班的时间。这份时间表，倪金红早就牢牢记在心里。

本是打赌如今成为责任

说起加入“爱心车队”的原因，倪金红不好意思地笑了笑。他说：“最初是因为打赌，加入之后才慢慢体会到自己肩头的责任。”

刚入行的时候，倪金红因为多收了乘客4块钱被叫去谈话，谈话间，倪金红给自己立了一个小目标，要加入公司的“爱心车队”。加入“爱心车队”必须满足无投诉、无事故、无违章三个要求，这是很多司机都梦寐以求的荣耀。倪金红通过实际行动，一年后成功加入了“爱心车队”。

除了福利中心的孩子，倪金红还有一批特殊的乘客。说他们特殊，是因为他们都是残疾人士。“每个月，我都会送一批残疾人士去吴江图书馆，慢慢地也就熟悉了。后来他们有需要，都喜欢叫我。”倪金红说。

倪金红把自己的善举看得很淡，他说：“赚钱不会嫌多，而帮助他人不会嫌少，这些不过是举手之劳，能给他人带来方便，也是我的福气。我每天只要平安回家就是赚到了。”

（俞佳佳）

袁泽恒："约束我的不是监控，是良心"

2018年4月，袁泽恒遗憾地放下了公交车方向盘。

从震泽到盛泽，11年的来回穿梭，车外的风景，袁泽恒早已烂熟于心，车上的乘客，不少已是他的老朋友。回到老家河南固始后，袁泽恒依然挂念自己的同事、乘客，和那辆曾伴随他多年的公交车。

"其实，我也只是做了点应该做的事情。"接到笔者的电话时，袁泽恒有些激动，"没想到你们还记着我。谢谢！"

接过苹果笔记本电脑
女孩激动得哭了

2015年3月的一天，和往常一样，下班收车后，袁泽恒又搞起了卫生。清理到车厢尾部时，他发现车座上有一只包。

"当时也没多想，等搞完卫生，打开包一看，才发现里面放了一台笔记本电脑，苹果的。"袁泽恒说，对于苹果的产品，他依稀有点概念，"七八千块钱吧，我也不知道具体价格，反正不会便宜。"

第二天早上，袁泽恒在发车前，将包送到了车队办公室。

"到了车队，发现办公室里有警察。我上前去问，警察告诉我，有个小女孩从七都坐车到震泽，后来又转车到盛泽，把笔记本电脑落在七都到震泽的公交车上了。"袁泽恒说，失主错以为笔记本电脑落在了七都到震泽的公交车上，警察正和她一起调监控，可就是查不到线索。

袁泽恒拿出包说："不用找了，你的笔记本电脑落在我车上了。"

接过失而复得的笔记本电脑，小女孩激动地哭了。

早餐馒头晚餐青菜面
不止是为了健康

失主是名大学生，对她来说，苹果笔记本电脑不仅仅是贵的问题，里面还有很多重要的学习资料，找不到的话，损失就大了。

当天晚上，女孩便拉着自己的母亲，给袁泽恒送来了一面锦旗和一篮水果。

“锦旗收下了，水果推了半天也没推掉。”电话里，袁泽恒笑了笑，接着说，“收下的那篮水果，我分给了车队的同事。捡到东西上交给公司，再由公司转交给失主的事情，在我们车队时有发生。所以那一篮感谢的水果，我们车队的人都有资格吃。”在吃的问题上，袁泽恒一点都不讲究。

2005年离开部队来到吴江，2007年成为一名公交司机，直到2018年4月回到固始，袁泽恒一直是一个人在吴江。

“孩子在老家上学，妻子照顾孩子，我一个人在吴江，吃得自然很简单。早上买点馒头，晚饭煮点青菜面，方便又健康。”袁泽恒说。

其实，在饮食上如此清淡，袁泽恒不止是为了健康。

近20部手机都上交了
并非因为车上有监控

“当时，我月工资也就4000元左右，妻子没有工作，儿子要上学，一家人都靠这么点工资，我能省就省点了。”袁泽恒说，对他来说，钱不是不重要，只是什么钱该拿，什么钱不该拿，他心里有数。“我在部队锻炼了十多年，还是1982年就入党的老党员，接受党的教育这么多年，知道自己该怎么做。”

从2007年起，在自己的公交车上，袁泽恒光手机就捡了近20部。从菜篮子到行李、包裹，从手机到钱包，每个月袁泽恒都会捡到几件乘客落在车里的物品。

“捡到了就上交给公司，不管值不值钱，那都是别人的东西，丢了东西

的人肯定很着急的。”袁泽恒说，哪怕是老太太丢了一篮蔬菜、一袋鸡蛋，也会心疼半天的，更别说贵重物品了。“虽说乘客可以通过装在车上的监控去找，但我们将乘客落下的东西及时上交给公司，并不是因为车上有监控。约束我们的不是监控，是良心。”

（徐海军）

第四届吴江好人

李荣华、陈荣华、曾庆军：三辅警勇闯火场

约访当天，伴着淅淅沥沥的小雨，来到吴江开发区片区运西派出所时，三人都不在。笔者在派出所的接警大厅稍坐了一会儿，李荣华、陈荣华、曾庆军三人的身影接连出现。

风雨无阻完成任务

“下雨天也要执行巡逻任务，很辛苦啊。”“我们是辅警，辅警也带了个‘警’字，这就决定了我们的工作性质，我们一样要风雨无阻完成任务。”李荣华、陈荣华、曾庆军三人坐下后，开口的第一句话，就让笔者肃然起敬。

三人中，李荣华是1969年出生的；陈荣华1978年出生，正是年富力强的年纪；而曾庆军则是名“80后”，是1987年出生的。三人年龄差距较大，喜好不同，不过，在谈到工作时，他们的表现出奇一致。

“说辛苦，也真辛苦，可是干的时间长了，也真心爱上了这份工作。”李荣华的话代表了三人的心声。借着这一话题，笔者聊到了那次火场救援行动。

危急关头勇闯火场

2016年4月7日下午4点多，吴江开发区西湖花苑小区一幢居民楼突发大火。4层的居民楼内浓烟弥漫，3楼东南角的一间屋子着了火。现场围观的群众有几十人，但是都不敢贸然施救。

火势越来越大。正在大家束手无策的时候，李荣华、陈荣华、曾庆军三人赶到了现场。没有丝毫的犹豫，他们冒着呛人的浓烟一头冲了进去，一步步摸上楼梯之后，一脚踹开了房门，三人用脸盆、水桶不断地盛水扑火，最终合力将明火扑灭。所幸起火房屋内当时没有人，因为抢救及时，大火并没有对周边住户造成影响。但是走出火场的三人却都感到胸闷、恶心，一屁股瘫坐到了地上。经医生诊治，因为吸入了大量有毒的浓烟，三人的呼吸道、肺部都有了不同程度的损伤，需要住院接受治疗。

“现在身体怎么样了？”“最开始那几天的确很难受，经过治疗已经好很多了。”交谈中，李荣华、陈荣华、曾庆军三人提到，当时他们都是吴江开发区运西派出所的辅警，这支队伍一共有60多名队员，分成3个班，在4个点上交叉轮流巡逻。他们的工作辛苦而忙碌，看似单调的巡逻却有很多不确定的危险因素，小到调解纠纷、宣传防控，大到处理打架斗殴、协同民警查勘现场。

默默奉献初心不改

冲入火场那年，李荣华是组长，现在他是运西派出所巡防三中队的中队长。陈荣华成了片区组长。而曾庆军则在那次事件后不久从派出所离职，目前，他在太湖新城片区交巡警中队从事辅警工作。

“虽然我离开了这里，不过，我还是时常会跟两位老大哥碰头、聚会。”交流中，三人你一句我一句，又聊到了那些年一起经历的事情。阴晴冷暖，四季更替，他们的工作一直都在路上。

日久天长，他们熟悉辖区里的每一张门牌号。每个点上都有一千多户人家，一千多张门牌号就藏在他们的脑海里，随便说出哪一个门牌号，他们的脑海中就像计算机筛选一样，马上会跳出来这个门牌号所在的位置。每次调解了纠纷，帮助了百姓，处理了突发事件，他们的心里就很有成就感。

在吴江公安的队伍中，有许多这样的辅警队员，他们在各自不同的岗位上从事着不同的工作，他们用默默的奉献和坚守，为吴江的和谐安宁贡献着自己的一份努力。

（姜明）

何菊林、沈凤珍、盛四进：临危不惧火场救人

2016年的一天，八拆友谊小区一居民家中发生煤气瓶爆炸，一瞬间大火四起，现场十分危险。三位退休老人——何菊林、沈凤珍、盛四进临危不惧，冲入火场救出了邻居。

如今，他们依然保留着那一份热心。

火场救出九旬老太

2016年8月15日，何菊林躺在沙发上看电视，他的老婆正站在自家房屋门口。突然，“轰”的一声巨响，她看到邻居一户人家发生了爆炸，火团冲破窗户，裹挟着烧坏的物品一下蹿到院子外边。“我被吓坏了，后来有将近一年的时间睡不好觉。”何菊林的老婆事后说。

何菊林听到声响后，赶紧出来看并叫来邻居们。大家赶忙拨打了“120”急救电话和“119”消防电话，但失火现场不时传来的呼救声让几人无法再等下去了。

“我在家里听到一声巨响，就赶紧跑了出来。”当时已77岁的盛四进跑到前门想进去，但前门火势太旺，他又赶紧跑到后门，和何菊林、沈凤珍协力打开已经被烧得滚烫的卷帘门，不顾年迈，冒着被烈火吞噬的危险冲进房子救人。

他们切断了房子里的电源，何菊林和盛四进把屋主家年近九旬的老母亲搬到躺椅上，拖出了火灾现场。而屋主人的妻子在沙发上被严重烧伤，已无法救出。

救人不需要理由

“我冲进去救人前，9岁的孙女对我说‘奶奶，你小心啊’，我跟她说‘没事的’！”沈凤珍的果断和勇敢让笔者惊讶，她坚定地说，“我不怕，有什么怕的！”

“去救的时候老太太还活着，意识也是清楚的，还在喊‘救救我’。这种情况下，肯定要想尽一切办法把她救出来的。”说到这一点，三个人几乎异口同声。

沈凤珍和盛四进都没有受伤，但何菊林的手脚都被烧伤了。在交谈中，何菊林的老婆数次感叹：“那次他吃了不少苦头！”还心有余悸道：“当时应该拿点东西挡一挡，就不会伤成这样了。”

而何菊林自己却泰然处之：“情况太紧急了，没有时间想什么保护自己，一心只想把老太太救出来。”在搬躺椅时，他的两只手被灼伤了，被诊断为浅二度烧伤，脚上还留下了一块硬币大小的疤痕。

“躺椅上有一块不知是尼龙还是海绵材质的东西，粘在了我的右脚上，救人的时候没感觉，把人搬到外面才发现，自己拿下来的时候把肉撕掉了一块。”何菊林回忆道，“这种情况肯定要救人的，我自己烫伤也是没办法。”

保留那一份热心

事后，何菊林、沈凤珍、盛四进三人被评为第四届“吴江好人”。何菊林笑道：“我个人没什么特别的感受，不过孩子们知道老爸做了好事，总归是觉得有一点光荣的。”

沈凤珍和盛四进也都笑呵呵地表示认同。

如今，参与救人的三人则继续过着各自的平静生活。

沈凤珍有时会出去打点零工，给单位打扫卫生、做做饭。

而盛四进则爱抱着茶杯在小区里踱步，“看到有什么问题也可以喊喊的”，俨然一位小区“巡查员”。

（倪书喆）

黄玉龙：十年播善种 一朝终开花

无意中埋下的爱心种子，十年后居然开花结果，为一名素不相识的白血病患者带去生的希望。这是发生在成功捐献造血干细胞志愿者黄玉龙身上的故事。

事隔十年结下“髓缘”

黄玉龙来自江苏宿迁，是鲈乡实验小学越秀校区的一名体育老师。在学生眼中，他严慈相济；在同事眼中，他严于律己。更难能可贵的是，他有着一副热心肠，热爱公益。2006年9月，学校组织集体捐献造血干细胞采样活动，黄玉龙也是积极响应参与。

不过，因为听说配型成功率很低，黄玉龙当时只是抱着试试看的心态。没想到10年之后的2016年10月，居然传来了黄玉龙的造血干细胞初配成功的消息。紧接着，他于2016年11月23日完成高分辨采样，2017年1月17日在苏大附一院平江分院通过体检。

这期间，黄玉龙的心情几经变化。“最初是吃惊，毕竟入库时间已经太久了。后来接到通知要去高分辨采样，说心里话有点忐忑，还有点害怕，毕竟很少有人经历过这种事，也不知道捐献后会不会对身体产生影响。”黄玉龙说。

坚定信念点燃希望

为此，黄玉龙详细查询了相关知识，并通过区红十字会的工作人员与吴

江两名成功捐献的志愿者进行了交流。当得知捐献对身体没有影响后，他的态度变得十分坚定，还主动做通家人的思想工作，“能配对成功的志愿者很少，我正好是其中之一，这是一种缘分，更是一桩好事”。

2017年2月15日，黄玉龙在区红十字会送达的“捐献造血干细胞同意书”上签下了自己的名字。同年3月1日，在苏大附一院连续注射5天的动员剂后，他正式进行了造血干细胞采集捐献。采集历时约3小时20分钟，黄玉龙一动不动地躺在病床上，双臂扎着输血管。鲜红的血液从他一只胳膊里输出，经一旁的设备进行造血干细胞分离后，再从另一只胳膊输入。

采集过程中，妻子及前来探望的同事都有些紧张，他本人却十分淡定，眼中充满希冀。“听说受捐者是名‘00后’，他年纪还小，还会经历很多美好的事情。我希望挽救的不仅仅是一个孩子的生命，更是一个家庭的幸福。希望我的付出能在他身上有所收获，祝愿他能够健康地活下来！”黄玉龙说。

面对赞誉淡然处之

那次造血干细胞的采集很顺利，黄玉龙共捐献出234毫升含有造血干细胞的混悬液（捐献量和混悬液所有指标均合格），成为吴江区第9名、苏州市第122名成功捐献造血干细胞的志愿者。

为患者点燃生的希望，以实际行动树立榜样，捐献造血干细胞是传播正能量的大爱延续。黄玉龙的行为，赢得一片赞声。鲈乡实验小学专门在校园里设立了宣传他捐献造血干细胞义举的展板，他也获评“仁”之吴江好人。面对赞誉和荣誉，黄玉龙却表现得很淡然：“能帮助别人，我心里也是快活的。我只希望那个孩子能早日康复，真的很挂念他的状况。”

如今，黄玉龙在鲈乡实验小学仲英校区任教，还继续保持着和区红十字会的联系，积极参与相关活动，向身边人讲述捐献造血干细胞之事，宣传带动更多健康适龄人员加入捐献者队伍，用实际行动拯救患者生命。

（杨华）

鲁来法：好丈夫照顾病妻二十余载

在盛泽镇目澜社区，有一对相濡以沫的老夫妻——出生于1943年的鲁来法和小他一岁的老伴杜锁青。杜锁青患病多年，但她是幸福的，她有一位用爱与责任守护了她20多年的好丈夫。两人相濡以沫的感情，成了当地一段佳话。

幸福家庭突遭不测
妻子中风瘫痪

鲁来法与妻子都是当地纺织厂的普通职工，生活虽算不上富裕，但夫妻两人十分恩爱，小日子过得很是和和美美。但在1997年的一天，鲁来法一家平静美好的生活被打破了。

那一天，正在厨房切菜的妻子突然不能动弹，面部抽筋、手臂不听使唤……送医后，她被诊断为脑溢血中风外加脑膜瘤。

得知消息后，当时正在外地出差的鲁来法立刻赶了回来。经过7个多小时的手术，虽然成功止住脑溢血，取出了肿瘤，但是妻子仍处于昏迷状态并且高烧不退，只能靠输液续命。从那天起，鲁来法辞去工作，全身心地照顾妻子，没日没夜地忙碌。

“昏迷不醒、高烧不退，这样的状况持续了一个多星期。”鲁来法说，当时身边的亲人甚至护士都劝他，说妻子熬不过去了，但是鲁来法依旧坚守着不愿放弃。他找到主治医生，商量更换医疗方案。一个星期后，妻子渐渐恢复神志，体温也下降了，但是手脚仍不受控制，视觉模糊，不能言语，吃喝拉

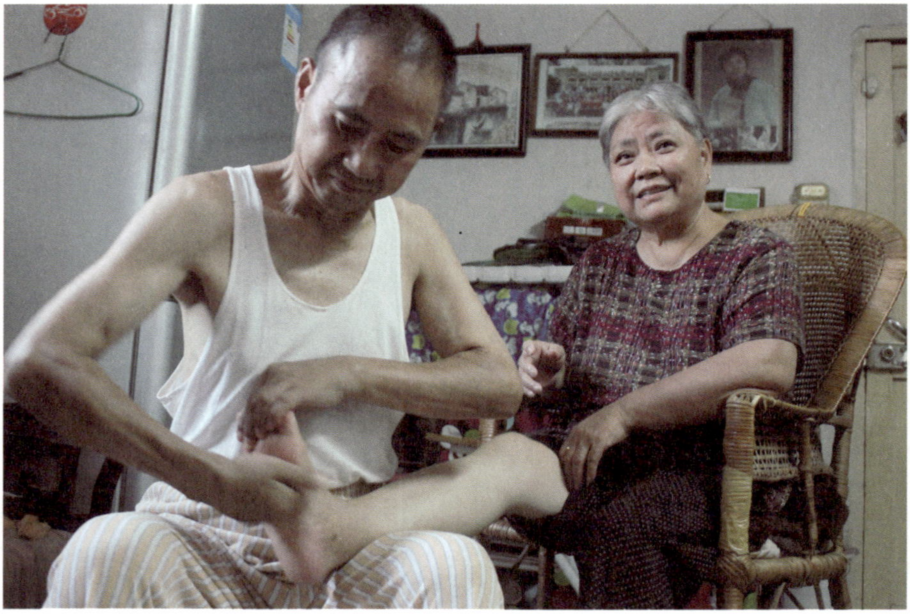

撒都要人伺候。

不离不弃悉心照顾
二十余载创造生命奇迹

那一年，他们的两个儿子年纪尚小。妻子出院后，鲁来法一个人支撑起了整个家庭，对妻子不离不弃悉心照顾："她是我的妻子，照顾她和孩子是我的责任。如果在最难的时候离开她，我会良心不安。"

为了让妻子好起来，鲁来法每天都要给妻子擦洗、翻身、按摩……如此循环往复，不下十多次。除了针灸、按摩和药物治疗外，他还会拉着妻子做一些基本康复动作。天气好的时候，他会载着妻子去公园谈心、散心，让她有个好心情。鲁来法对妻子无微不至的呵护，唤起了妻子重拾生活的信心，成功地改变了她瘫痪在床的命运，连医生都说这是个奇迹。

然而在2003年，鲁来法的妻子因脑膜瘤复发，再一次被推进手术室。这一次的术后康复，比第一次更为艰难和漫长。鲁来法对妻子的照顾没有倦怠，反而更为细致。如今，妻子的生活基本已经能够自理，但鲁来法仍旧坚持着为妻子按摩，包揽了家里的大小事务。

有情有义感动子女
美好家风代代相传

作为一名年过七旬的老人，鲁来法也有力不从心的时候。为了能更好地照顾老伴，鲁来法坚持天天锻炼身体。鲁来法说："我年纪越来越大了，有时候感觉背不动她了。我得好好锻炼，自己身体好才能更好地照顾老伴。"

在父母的言传身教下，这家的小辈们也继承了良好的家风。兄弟和睦、夫妻恩爱、妯娌互尊互信，对父母也十分尊敬和孝顺。"大儿子定期带我去医院复诊腿脚，小儿媳帮老伴洗澡、洗脚……"鲁来法说，虽然日子过得不富裕，但是一家人相亲相爱。

"一家子从没有因为家庭琐事红过脸，吵过架。"鲁来法开心地说。

（贾黎）

沈凤英：守着瘫痪丈夫20多年

“这就是沈凤英家。挺不容易的一个女人，守着瘫痪丈夫20多年，独自一人把孩子抚养成人。她的耐心和细心，让我们都很敬佩。”在七都镇庙港村17组一户普通农家房前，陪同笔者前来的该村妇女主任庾丽琴感慨地说。

突如其来的不幸
丈夫回家途中摔伤

1995年3月的一天，天气比往常阴沉了许多。傍晚时分，儿子放学归来，她正准备做晚饭，不想，一个噩耗突然传来——丈夫沈玉林摔伤了。

那一年，沈玉林41岁，平时做些小生意，经常在外奔波，沈凤英主内，一家人的生活本是幸福美满的。那天，沈玉林像往常一样骑着自行车回家，途中经过一座桥时，意外摔了下去。被人救起后，他身体的大部分关节已经动弹不得。

“医生说他的脊椎受伤严重，导致半身瘫痪，以后连大小便都要家人帮忙。”沈凤英告诉记者，她带着丈夫跑了很多大医院求治，得到的回答是相同的。

事故发生那年，沈凤英的儿子14岁，刚上初一。看着瘫痪在床的丈夫和一家老小，沈凤英常常偷偷抹眼泪，整个家庭的重担就这样落在了她身上。从此，沈凤英每天一早就起床，屋里屋外、田间地头地忙碌着。

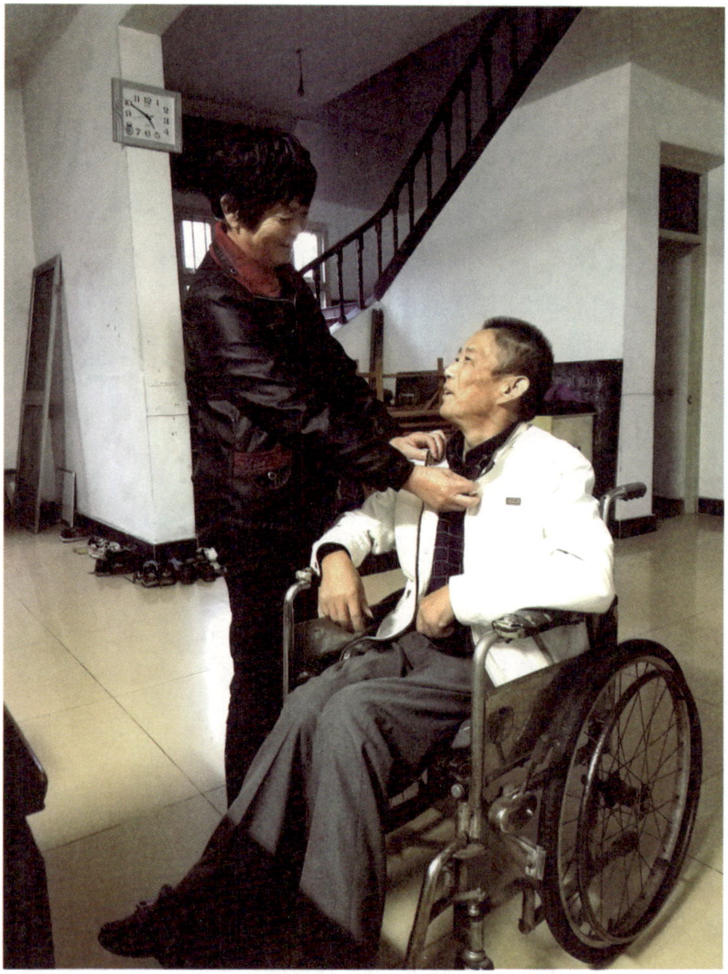

20多年如一日
照顾丈夫不离不弃

“到2019年，整整过去了24年。真不敢相信，我就这样挺过来了。”沈凤英回忆说，这24年时间里，她没睡过一个安稳觉，经常夜里睡着了，生怕丈夫有啥需要，就突然惊醒。

沈玉林瘫痪后，身体没了知觉，小便一般都靠尿不湿，大便则只能“被动”解决。起初的一段时间里，沈凤英每天上下午要为他抠两遍大便，后来渐渐找到了丈夫的消化规律，基本上两天抠一遍就可以了。

每天，沈凤英都要帮瘫痪在床的丈夫穿衣、刷牙、洗脸、刮胡须、吃饭。除此之外，她还要遵照医嘱，给丈夫翻身、按摩，防止丈夫肌肉萎缩、生疮。沈玉林个头大，沈凤英个头小，每次帮丈夫翻身擦洗时，沈凤英都要费很大的力气。帮丈夫擦洗完毕后，她自己往往也是一身汗。

为了多挣一些钱，沈凤英会利用农闲时间，出去打零工、养蚕，赚到的钱，基本上能解决一家人的温饱和孩子的学费。

不幸再次降临
她咬牙坚持了下来

在沈凤英的照顾下，沈玉林的状态一天比一天好，然而好景不长，打击再次袭来。

2010年，沈玉林被检查出患有尿毒症，因为换肾费用太大，这个家庭根本无力承担，只能做透析治疗。丈夫常年瘫痪在床，又患上了尿毒症，真是雪上加霜。

每周有三天，沈凤英都要陪着沈玉林坐车去平望，到吴江中医医院做透析。去的次数多了，她跟司机渐渐熟悉起来。司机看她一个女人实在不容易，就主动表示愿意帮忙陪着看病。有了好心司机的帮忙，沈凤英松了口气，她把丈夫看病的事托付给了司机，自己则为了给丈夫赚医药费，多找一份零工。

她清晨五六点就要起床，做好早饭，洗完衣服，给丈夫穿衣洗漱后，将他抱到轮椅上，送上车。之后，她送孙女上学，买菜回家准备好中饭，再去村上的厂里上班。下午3点半下班，接回孙女后，她又要准备晚饭了。

问及这么多年照顾丈夫是否感到辛苦时，沈凤英说：“说不累是假的，但这么多年我都坚持下来了，早就习惯了。”

（俞佳佳）

沈福珍："蚕丝被之母"一生柔情只为丝

在"中国丝绸小镇"震泽，云集着200多家蚕丝被企业，在这些企业中，有一家企业非常特殊，那便是苏州慈云蚕丝制品有限公司。它是吴江首家专门生产丝绵制品的企业，而它的创办人，正是震泽蚕丝被产业的开创者——沈福珍。

导师让她确定人生梦想

作为全国茧丝绸行业终身成就奖获得者、非物质文化遗产蚕丝被制作技艺传承人、蚕丝被国家标准主要起草人、震泽镇蚕丝被行业的领路人，沈福珍也被人们尊称为"蚕丝被之母"。

1948年，沈福珍出生于震泽镇勤幸村五组一个世代种桑养蚕的农家。虽然出身农家，沈福珍却有着浓厚的向学精神，在父母的支持和自己的坚持下，她一路求学，直至考入震泽中学。

1978年，苏州桑蚕专科学校聘请沈福珍协助图书馆的日常管理工作。在苏州桑蚕专科学校，沈福珍碰到了影响她一生的引路人——蚕丝专家费达生，确定了投身蚕丝行业的梦想。

"蚕丝比我的生命还重要，它就是我的一生。孩子，蚕丝可以让你快乐一辈子。"费达生的这句话，让沈福珍铭记了一辈子。

在苏州桑蚕专科学校工作了三年后，沈福珍回到了震泽，进入镇外贸公司，并在那里一直工作到了1992年。

技术革新破解行业难题

20世纪90年代，吴江的民营企业蓬勃发展。在震泽，蚕丝行业振兴的种子也悄然种下——江苏太湖茧丝市场开张了。

察觉到了蚕丝行业的潜力，同时也出于自己对蚕丝的热爱，沈福珍毅然从镇外贸公司辞职，加入了下海经商的大军。她租用了勤幸村八组五间简陋的仓库做厂房，租赁了茧丝市场3米2的摊位，生产、销售了震泽镇第一床以“慈云”命名的蚕丝被。

当时，制作蚕丝被时会出现一个问题：煮出来的茧会脱脂或者有丝胶，从而导致蚕丝拉不长或者制成的蚕丝被有异味。沈福珍从淘米煮饭中悟出泼湿煮茧法，一举解决了传统煮茧方式的缺陷问题。运用该方法煮出的茧子，剥出来的绵松软又有韧性，可以拉到三四米长都不断，做成被子不再有味，也不再板结移位。

费达生很快得知了沈福珍的“创举”，当她看到用泼湿煮茧法煮出的茧子拉出的绵时，一连说了三个“好”字。得到了自己心目中的“先生”的夸奖，沈福珍很开心。

“我这一辈子都交给了蚕丝”

此后，沈福珍在改良蚕丝被制作工艺的道路上高歌猛进，又先后发明了“全幅平面、纵横旋转、千层网叠、丝丝入扣”的蚕丝被手工拉制法和可水洗蚕丝被拉制法。这两项工艺的诞生，使蚕丝被成型后，均匀平滑，柔软贴身，长期使用不缩拢、不变形、不板结。可水洗蚕丝被还破解了夏季不能使用蚕丝被的问题，扩大了蚕丝被的使用范围，填补了夏季蚕丝被销售的市场空白。

在沈福珍的带领下，慈云蚕丝一路披荆斩棘，成为震泽蚕丝被行业中的领头羊。

凭借着对蚕丝行业的突出贡献，2016年12月7日，68岁的沈福珍荣获全国茧丝绸行业终身成就奖。

“我的人生、我的生命、我这一辈子都交给了蚕丝。我的终身成就和终身成就奖，都是蚕丝给我的。”在获得全国茧丝绸行业终身成就奖时，沈福珍发表了这样一番感言。

2017年11月30日，沈福珍因病去世，享年69岁。斯人已去，但她的精神却一直在激励着震泽蚕丝人们奋力前行。

（韦欢）

孙兰芬：路见不平勇敢站出来

路见不平，拔刀相助，古时称之为侠义，如今往往称之为见义勇为。家住松陵街道北门街的居民孙兰芬就干了一件见义勇为之事。身材瘦小的她，面对年轻的小偷，没有一丝犹豫地上前阻止。

说起抓小偷的事，她告诉记者："那一瞬间，除了要抓住小偷什么都没想。谁遇到了都会这么做的。"

邻居一声"抓小偷"
她冲出追赶致受伤

孙兰芬在北门街边开了一家小卖部，午后的北门街不太热闹。孙兰芬见到笔者，露出了从容的微笑。要不是头部留下的淡淡疤痕，人们很难想象眼前这位身高不高、看上去瘦瘦弱弱的她会勇斗小偷。

微风轻拂，阳光不烈，小卖部门口的鸟笼子里的一只八哥不断说着："你好，欢迎光临。"宁静安和的一幕与当年这里发生的那件事形成了强烈的对比：2016年4月20日下午，为了阻止小偷溜走，孙兰芬被电瓶车带倒在地，拖行了几米远，造成眉骨骨折和脑淤血。

孙兰芬对事情经过记忆犹新。那天，刚回到家中的她，突然听见邻居吴阿姨急迫的声音——"抓小偷！"孙兰芬没有片刻犹豫，迅速冲出门，与邻居一同去追。

追到一楼时，孙兰芬发现一名男子神色慌张，正准备骑着电动车离开。"你不能走！"孙兰芬喊了一声，同时冲上前，紧紧地把电动车的车尾拖住，

并拉住男子让其下车。然而小偷是一位年轻男子，力气很大。虽然孙兰芬抓住了小偷，但终因力气悬殊，小偷还是挣脱了。该男子强行驾车离去，并带倒了孙兰芬。

从小耳濡目染
抓小偷受警察父亲影响

后警方经侦查，确认孙兰芬追的那个骑电动车的男子，就是犯罪嫌疑人。遗憾的是，那天下着毛毛雨，小偷“全副武装”穿着雨衣，监控很难看出其体貌特征。此后，孙兰芬多次配合公安人员进行调查取证。

孙兰芬抓小偷受伤的事，感动了乡邻，不时有邻居前来医院看望。

“您年纪不轻，力气也不大，这样做考虑到自身安全了吗？”记者问道。她笑着说：“当时只有一个想法，绝不能让小偷跑了。能帮上忙，我心就安了。”孙兰芬言语平静。

“其实抓小偷这一套，我都是跟我爸学来的，他才是真正的高手呢！”孙兰芬说。孙兰芬的父亲曾是一名警察。孙兰芬至今记得有一年冬天，一个小偷为了逃避抓捕跳进河里，她的父亲不顾河水冰冷刺骨，一头跳下河去，奋力抓住了那个小偷。

少时的耳濡目染，让孙兰芬对警察这个职业一直抱有敬意，也培养了她正直勇敢的个性。“父亲经常教育我，要与人为善，乐于助人，对得起自己的良心。”孙兰芬说，以后遇到类似的事，她还会站出来。不仅如此，她也教育儿子，做人就得堂堂正正，不惧任何邪门歪道。

免费寄存快递点
十几年如一日帮助邻居

对孙兰芬能去抓小偷，街坊邻居并不感到意外。因为平日里无论谁家有困难，经常想到的都是孙兰芬，而她总是全心全意地帮忙。

孙兰芬经营的小卖部已经成为大家的“免费快递寄存点”。

除了帮人代收快递，孙兰芬还为小区居民提供了不少便利：邻居有急事出门，她帮忙照看孩子；夏天，她还摆起桌椅、遮阳伞供居民乘凉……

“‘莫以善小而不为。’也许你不经意间做的一件小事，可能帮了别人的大忙。”孙兰芬说。

（徐力维）

孙勤良："土专家"要打造创新"航母"

2019年1月15日，经国务院批准，中国组织人事报网站发布2018年享受国务院政府特殊津贴人员名单，通鼎互联信息股份有限公司副总监孙勤良榜上有名。

刻苦钻研
"土专家"横空出世

乍看上去，孙勤良身材不高，相貌平平，但他拥有一连串"高大上"的荣誉称号。除了享受国务院政府特殊津贴外，他还是苏州时代工匠、江苏省制造工匠、江苏省"333工程"培养对象、全国技术能手……

20岁那年，孙勤良以机器操作工的身份进入了一家电缆厂。进厂后，他开始海量阅读各类电子方面的书籍，并参照着书本尝试做些"小玩意儿"。那段时间里，《电工基础》《模电基础》等与机器相关的书成了与孙勤良形影不离的"小伙伴"，他一有空就看书，竭尽所能去弄懂机器内部的构造原理，让自己能在维修机器时准确"号脉"。

对弄不懂的问题，孙勤良还会"粘"上那些工程师和技术专家，一边看他们如何调试、维护机器，一边向他们请教困扰自己的难题。一年又一年，孙勤良的专业知识不断积累丰富，对各类设备的性能也日渐熟悉，"土专家"由此横空出世。

大胆攻关
民企出了国字号专家

2001年，孙勤良正式成为通鼎互联信息股份有限公司的一员。“当时通鼎刚刚起步，员工少，懂技术的员工更少。”孙勤良说，“几乎每天晚上，厂里的机器都会出现问题。值班同事没法解决了，只能来找我。”好几次，孙勤良都进被窝了，还得爬起来赶往厂里。几次下来，孙勤良就干脆带着铺盖住进了厂里。

正是凭着这份对学习和工作的责任心，孙勤良的知识储备与技能有了质的飞跃。除了日常维修，他先后承担了公司多项设备电气改造和项目开发任务，大胆进行技术革新和科研攻关。十几年来，孙勤良及其团队为公司完成设备自动化和节能增效技改百余项，完成的发明创造先后获得了数十项发明专利，为企业创造了显著的经济效益。

熟悉光缆行业的人都知道，光缆生产中有个流水步骤最难用上机器、最费人工，那就是光缆护套排线，每次都需要员工用手捋顺，光缆护套才能有规律地排列。

但孙勤良却不信这个邪。

找问题，解决问题，失败；再找问题，再解决，又失败……经历了无数次失败，孙勤良最终成功研制出了一套智能机械手臂。这套机械手臂宛如真人手臂般灵活精确，可在不规则的盘具上自动精密排线。该项技术成果攻克了业内长期未能解决的技术难题，意义重大。

悉心教导
为行业培育创新人才

在数不清的身份中，孙勤良最看重的，是国家级技能大师工作室领办人的身份。“公司规模逐步扩大，我们需要更多的高技能人才。”对孙勤良来说，技能大师工作室正是创新人才的最佳孵化器。

孙勤良技能大师工作室目前有14名成员，主要针对通鼎互联生产过程中存在的重点、难点、关键点问题进行立项，不断改良制造工艺技术，提升工艺水平，降低生产制造成本，为公司创造经济效益。

在工作室运行过程中，孙勤良毫无保留地将绝技绝活、心得诀窍传授给身边的年轻人。“带团队让更多的人成长，这是我必须完成的任务。”孙勤良说，“接下来，我的工作室将继续发挥孵化器的作用，齐心协力将公司打造成一艘创新‘航母’。”

（王慧君）

许起发：时刻把安全生产牢记心头

高高壮壮，讲起话来中气十足，许起发看着一点也不显老，反而给人一种正值壮年的感觉。许起发是同里人，已退休10多年。回想起工作时的点点滴滴，他自豪地说："我在岗期间，未出过一起安全生产事故。"

30年安全生产无事故

退休前，许起发是同里港务实业有限公司的副经理，分管安全生产，曾创造30年安全生产无事故的记录。刚进入公司时，许起发是名安全员，跟着师傅学习安全生产的知识，按照相关规定，监督排查公司各个岗位上的安全问题。

"我这大半辈子都在跟安全生产打交道。"许起发笑着说，其实在他师傅这代人手中，公司已经创造了好多年安全生产无事故的记录，而他要做的就是将这个记录保持下去。他也确实做到了。

同里港务实业有限公司主要负责货物的装卸和搬运，在这些过程中，安全问题不容忽视。"我们既要保证货物、设备的安全，同时也要保证人员的安全。"许起发告诉记者，工作时，他隔三岔五就会给员工们宣传安全知识。当接到装卸、搬运任务时，他会事先考察地形，再与大家一起讨论、制定搬运方案，选择最安全的方式。

大型搬运工程有惊无险

许起发一直记得当年的一次大型搬运工程。当时，为了更好地发展同里古镇的旅游业，同里电机厂被要求搬迁，许起发担任搬运工程的总指挥。“电机厂的机床设备有1000多台，共3万多吨物资设备，最大的单件设备有10多吨重。”许起发说，当时他带着公司里的40多名员工搬了近一个月。

让许起发欣慰的是，在这次大型搬运工程中，机器设备没有一丁点损坏，同时保证了所有人员的安全。结果是完美的，但搬迁过程很艰辛，其间还出现过惊险一刻。一次，工人们将电机厂一台较大的机器装上船，因事先对船的承重能力估计不足，机器装上船时，船头出现了明显的下沉，船尾几乎要翘出水面了。

就在千钧一发之际，许起发让工人停止装船。“我们就在岸边商量起了调整方案。”许起发说，经过讨论，他们决定在船艄处装填重物，起到“压舱”的作用。“装运机器时，我们从船头慢慢把机器推进船舱，所以一开始船头受力大，在船艄处装上重物后，整艘船的受力平衡，船尾也就不会翘起来了。”许起发说。

事实证明，许起发的方案是正确的，他亲自监督着将机器设备运到了松陵，其间没有出现任何问题。

抗洪救灾乐做好事

在工作中，许起发兢兢业业；在生活中，他同样是个热心人。多年来，他一直积极参与公益活动，还曾多次救起溺水者。

1993年的夏天，由于连续多天暴雨，同里汛情严重，九里湖大坝决堤。危急时刻，许起发及他所在公司的“青年突击队”在抗洪救灾中表现积极。许起发说，他们赶到现场后发现决口很大，一般的沙袋堵不上。他们到处寻找适合的堵塞物，后来在大坝附近发现一座小桥。“那桥的桥板很大，用来挡决口正合适，但是一整块桥板根本没法拿。”许起发说，他们合力凿碎了桥板，用那些碎块将决口堵上。那次抢险，许起发在水里泡了两天两夜。

如今，退休后的许起发是富土社区的信息员，也是小区业委会的成员，他乐意为邻里乡亲们做一些力所能及的事。“我只是个平凡人，做的都是一些小事。”许起发说。

（吴菲）

尤金明：孝子悉心照料重病双亲

当医生对尤金明说“你父亲活不过一两天”时，尤金明没有放弃。在他的悉心照顾下，父亲的生命延长了一年多。

当医生说“你母亲癌细胞已经转移”，劝尤金明放弃时，尤金明带着母亲四处求医，让母亲和父亲一样，生命得以延长。

人道是“久病床前无孝子”，但是尤金明却说，“推开家门叫一声娘，那才最幸福”。

他带着父亲上班

尤金明是平望镇群星村人，村里的人说起他，总要竖起大拇指，在他的名字前加上“孝子”这个前缀。

2012年，尤金明的父亲第四次脑溢血。病来如山倒。尤金明的父亲昏迷、痉挛，危在旦夕。医生直言看不好了，也就剩两天的时间了，并让他们回家准备后事。

“爸爸，爸爸，爸爸，你睁开眼睛看一下啊……”尤金明扑倒在父亲床前，一声一声不停地呼喊。

尤金明想着父亲的慈爱，悲从中来。一旁的母亲边擦眼泪边劝他不要叫了，喊不回来了，但是尤金明却依然喊着。

尤金明坚信一句不知从哪听来的话：昏迷的人只要有人不停地呼喊，就能醒来。在尤金明坚持不懈的呼喊下，父亲终于眨了下眼睛。

“我爸爸醒了！”尤金明高兴得又哭又笑。

父亲虽然保住了性命，但却成了植物人，只能偶尔皱下眉头、眨下眼睛。

尤金明将父亲接回家后，父亲依旧接着氧气、插着食管，和在医院一样。“父亲只能躺在床上，手臂搁着几分钟就会变肿，需要不停地给他按摩。”尤金明说，他一般晚上要起来三四次，给父亲翻身、按摩，平时还要伺候大小便。

他坚持给母亲看病

尤金明三兄弟合开了一家工厂，在父亲还走得动的时候，尤金明在厂里忙活时，就会给父亲搬一张躺椅，让他陪着自己。后来，父亲躺在了床上，三兄弟就把他搬到了厂里。“父亲在身边，我们也安心。我们一有时间就给他翻身、按摩。”尤金明说，父亲走的时候，身上没有一个褥疮。

“许多人劝我们放弃，因为我们拉着父亲不让他走的话，他也痛苦。”尤金明说，“我有时候想，这样活着有什么意义呢？但是我们作为子女，在代替父母给他们做生死抉择时，感觉却又不一样了。如果他走了，我就没有父亲了。”

父亲走后没几个月，尤金明的母亲被查出患有卵巢癌，而且癌细胞已经转移到骶骨。“听到消息后我很震惊，感觉天都要塌下来了。”尤金明说。

尤金明带着母亲，看遍了上海的医院，医生都劝尤金明放弃。

而后，尤金明和兄弟姐妹带着母亲回到家乡。“只要有一点点希望，我们都要救回母亲。”尤金明说，在大家的坚持下，母亲在江苏盛泽医院做了化疗。随后的几年，尤金明和兄弟姐妹一起悉心照料母亲，让母亲安详地走完了生命的旅途。

他担起长辈的责任

母亲去世后，尤金明有一阵子感到心里空落落的。幸好，上天待他不薄，两个孙女的降生给了他新的希望。

“大孙女2周岁，小孙女才4个月大。”谈到两个孙女，尤金明的脸上满是笑容。他说，家和万事兴，以前他是尽小辈的责任，现在他要尽到做长辈的责任，他会以身作则，言传身教，让孝与爱的家风在这个家庭里传承下去。

（杨东萍）

于立峰：牢记承诺助学多年

于立峰是盛泽人，在吴江区税务局工作。年过不惑的他，在同事眼里是一个勤勉敬业的好股长，在纳税人眼里是一个真诚、公正的“服务员”，而生活中的他，还是一个重诺守信、助人为乐的热心人。

普通人做的“普通事”

2007年，国、地税部门尚未合并，于立峰是吴江地方税务局第五税务分局的一名管理员。当时，他所在的分局参与“春蕾”助学活动。

“分局当时挑选了两名最困难的学生去资助，我就和同事商量，想借此契机，寻找因名额有限尚未列入助学计划的贫困学生，作为个人资助对象，尽一份绵薄之力。”于立峰说，两人为此找到了震泽实验小学的校长。校长得知他们的来意后，欣然应允，并带着两人去了震泽勤幸村小学走访。

在勤幸村小学，该校的教导主任将一名二年级学生带到了于立峰的面前。对这次见面，于立峰记忆犹新：小男孩怯生生地站在老师身后，胖嘟嘟的脸蛋上挂着黑黑的泥痕，清澈明亮的大眼睛忽闪忽闪，透着一股可爱劲儿。于立峰蹲下身子，拉起了小男孩的手。小男孩的手胖乎乎的，但指甲里全是泥。于立峰把红包塞到小男孩手里，小男孩却连忙把手背到身后，摇了摇头，说：“爷爷说不能随便要别人的东西。”教导主任笑着帮忙接下了资助款。于立峰被小男孩的纯真所感动，勉励他要好好学习，改写命运。

每年春节送助学金

在于立峰见到小男孩的一个月后，一位老人带着小男孩来到了吴江地税震泽分局的纳税大厅。由于那天于立峰没有留下姓名和电话，老人也只知道他是税务局的干部，就带着孩子一路从国税找到地税，终于找到了他。

老人坐在办公桌旁，和于立峰唠起了家常。原来小男孩叫金金，老人是金金的爷爷，是名复员军人，在家务农。金金的奶奶卧病在床；金金的爸爸又患有尿毒症，丧失劳动能力，每个星期都要做透析来维持生命。一家人靠务农和金金的母亲打零工来维持生计，生活很是艰难。

于立峰细细地听着，抚摸着孩子的头，安慰老人说：“别担心，困难总会过去的。您以前参军保家卫国，现在有困难，我们应该伸出手来。”此后每年春节，于立峰都会前往金金家中，送上助学金，关心一家人的生活和金金的学习情况。

从那时起，于立峰承诺：男孩在义务教育阶段的学杂费，都由他资助。而在小男孩结束义务教育继续求学后，于立峰依旧坚持每年资助他1000元，到2017年已整整10年。“这只是普通人做的普通事，在他毕业找到工作前，我还会资助下去。”于立峰说。

爱心脚步不停歇

2016年春节，老人告诉于立峰，这些年村里的补助很多，复员军人也有补贴，金金的爸爸看病做透析可以去平望的惠民医院，费用很低，日子越来越好过，以后不用再资助他们了。

金金的爷爷虽然这么说，但于立峰却没有停止资助。

“前些年金金的奶奶生了重病，他们一家都没告诉我，还是村里组织捐款我才知道的。如今金金读完中专要去苏州继续求学，我还会继续资助下去。”于立峰说。

“这是一种爱心的传递，我的资助不需要回报，只希望他健康成长，做个对社会有用的人，未来可以继续把爱心传递下去。”于立峰说。

（蔡铭越）

邹曦：用责任书写“窗口形象”

共事多年的同事老沈这样评价邹曦：“他是一位兢兢业业、默默无闻的服务标兵，30多年里，他一直用实际行动在书写‘责任’两个字。”

对此，邹曦说：“我只是想要做好本职工作。”

摸黑骑车学电脑

邹曦平时爱学习，喜欢研究新鲜事物。

“我年轻的时候眼睛就不好，曾在一年里进行过三次手术，第二次手术时还出了些问题。”邹曦说，在1998年，他因视网膜脱落患上严重眼疾，给工作和生活带来了很大的影响。“手术结束后，我不得不考虑，在这样的情况下怎么继续做好工作。”

2000年，电脑还没有普及，不少人对电脑知识一窍不通。为了尽早掌握电脑操作知识，邹曦花钱添置了一台电脑，每天下班后，他还从莘塔骑自行车赶到芦墟的计算机培训中心学习。

“当时想到电脑应该会慢慢普及起来，以后工作的时候肯定用得到。”邹曦说，那时候从家里骑车到培训中心，路上没有路灯，只能摸黑慢慢骑。“来回骑10公里，我的眼睛又不太好，路上就要花费1个多小时。”

回到家后已近晚上10点，邹曦没有马上去休息，“我要把当天学的东西再重复操作一遍，这样心里才踏实”。

让办事人一看就清楚

在单位里，邹曦的勤奋与细致是有目共睹的。老沈说，邹曦每天总是第一个到办公室，经常先把办公室打扫干净。

邹曦则说，他习惯了提早出门上班，“以前住得远，骑车要一会儿；现在住得近了，走路过来也是这么点时间”。他觉得，提前赶到办公室，可以整理一下上一天没做完的事，这样等有人来窗口办理业务的时候，他就能专心工作了。

邹曦在窗口负责工商注册登记工作。从受理、审查、核准，到打照、发照，他从不马虎。“我时常督促自己，工作要有条理，让来办事的人一看就清楚、一问就明白、一办就见效。”邹曦说。

除了工作效率高，邹曦还常常为办事人着想。

有一次，一家公司的负责人来办理注册登记业务，但其提交的公司经营范围信息和实际材料不符。“眼看他什么材料都准备好了，退回去再办理又要花费很长时间，我就帮他一起现场改资料。”邹曦说。

他们从下午4点半一直改到晚上将近7点。虽然耽搁了下班，可邹曦说："在修改过程中顺便审核材料，这样第二天就节省了不少时间。”

把“责任”二字扛肩上

在同事的眼里，邹曦还很乐于助人。

“每年到了年检阶段，大家工作量都很大，而邹曦总会主动帮助其他同事完成工作任务。”老沈说，只要是能帮得上忙的，邹曦从不推辞。

邹曦说，协助他人完成工作，其实也是在帮助自己，只要是工作需要，他就会帮忙做好。“大家在一个单位工作，把工作做好了就是在维护单位的形象，也是维护我们所有工作人员的形象。”邹曦说，同在一个单位，就要有集体荣誉感，做任何一件事都要尽心尽力。

把工作“做好”“做快”，这是邹曦一直坚持的目标。“不管是之前从事组织工作，还是现在调到窗口工作，我都想做好服务，对每一天的工作和服务对象负责。”邹曦说。

如今，邹曦虽然因年龄问题已不在一线工作，小小的服务窗口却让他干劲十足。“只要我在岗位上一天，我就会尽职尽责一天。”邹曦说。

（庞崇崚）

顾建中：用真诚为乘客带去温暖

老实木讷、不善言谈，这是吴江公交公司92路司机顾建中给同事和乘客留下的印象。憨厚的他，脸上常常挂着一抹微笑，说话语调总是十分平和。

48岁的顾建中家住同里镇三港村，2000年开始承包吴江客运公司（北库至苏州）班线车辆，后进入吴江客运公司松陵线任公车公营驾驶员。2012年城市彩虹公交公司成立后，他转入92路任公交司机至今。他从事交通客运行业已近20年。

好脾气全公司都佩服

顾建中的好脾气似乎是天生的，他曾经被一名老年女乘客骂了一个多小时，愣是没有还一句嘴。当笔者问他感受，他说只是本职工作而已。

“那个老太太是在苏州汽车南站乘坐的首班车，要到吴江来换乘去盛泽的公交。她一上车就很着急，看到我每一站都停车就很生气，说倒霉遇到我这样的司机，明明没人在等车还要停下来。”顾建中讲到这里时还是一脸笑意，他继续说，“我开车是严格按照公司的规定，逢站必停。而且我这个人就是个慢性子，我最看重的是行车安全。”到达奥林清华的公交车站后，老太太错过了开往盛泽的首班车，更是不依不饶。

那次之后，顾建中反思，他觉得可能是公交车的时间安排有问题，才会导致老太太赶不上去盛泽的车。他自己利用空闲时间到苏州汽车南站查看时刻表，回来后跟公司领导反映。这桩事情在领导看来十分难得，一个公交司机的职业素养不仅体现在服务水平上，也体现在平时对日常工作的思考上。

一切为乘客着想

有一次，顾建中在开车时，突然听到后面传来一阵惊呼，原来有位小姑娘突然晕倒了。“我赶紧靠边停车，查看情况。只见一个小姑娘口吐白沫，已经不省人事。”顾建中说，当时他和乘客一起打电话报了警。

正当大家一筹莫展时，小姑娘却悠悠醒转了。“问她要不要去医院，她说不要紧，自己已经好了。”顾建中提心吊胆地将车开到苏州汽车南站，在所有乘客下车后，让小姑娘坐在车上等她的朋友。

“小姑娘不肯去医院，她的朋友还迟迟不来，那时候我的发车时间眼看就到了，我心里很焦虑，但又实在不放心她一个人。”顾建中说，最终他还是等小姑娘的朋友来了后才开车离开。

顾建中开了这么多年公交车，与许多乘客早就熟识了，不少乘客留了顾建中的电话，以便询问班线安排。其实这不是顾建中的分内事，而是他自己愿意为乘客多服务一些。乘客打电话过来，他总是耐心细致地回答。

他是个爱车如命的人

顾建中开的那辆92路车有些特别，让人一眼就能分辨出来。这是因为他的车十分干净，连轮毂都被擦得铿亮。顾建中告诉记者，每天出车前，他都会事先把车厢打扫得干干净净，拖地、擦玻璃、倒垃圾，这是他的规定动作。

为了使车辆运行保持在最佳状态，每天在晚班车结束后，他还要绕着车子走上一圈，敲一敲轮胎，检查一下发动机。尽管只有几分钟时间，他却做得格外细致。多年来这已经成为他的一个习惯。

遇到车辆保养或者机件维护的时候，顾建中都要随车同行，他会把车辆运行当中的一些动态情况及时反馈给修理人员，让对方能够根据车子的状况维护到位。多年来，顾建中所驾驶的公交车从未发生过机损故障导致的事故。

（蔡铭越）

李海珉：他让黎里历史“活”在世人心中

李海珉家的客厅里，悬挂着一幅画作——《赵磻老黎里镇守望鼻祖》。画中的老者，是黎里镇的奠基者、守望鼻祖赵磻老。几十年来，李海珉作为土生土长的黎里人，以古镇保护开发为己任，呕心沥血，做出了巨大的贡献。也因此，不少当地人称李海珉为古镇“守望者”。

一本活的“地方志”

1994年是李海珉人生的转折点。那一年，他放弃教师的身份，成为柳亚子纪念馆的馆员，潜心做文史研究。工资少了，他却说人生有舍才有得。“能从事自己喜欢的文化研究，留住家乡文化之根，我愿用一生来践行。”李海珉说。

“黎里历史文化底蕴深厚，要充分挖掘，必须做到每一条弄堂都道得出历史，每一幢古建筑都讲得出故事。”20多年来，李海珉努力寻找黎里名门望族的族谱、家谱，搜集资料，至今，他已搜得家谱六部。前段时间，他又确定了一处古宅曾是汝氏家族的居所。

对每一处历史文化的挖掘，背后都意味着庞大的工作量。“走访名家宿儒，记录他们的回忆，给全国各地的黎里名人后裔写信、打电话……既然是历史，就必须准确。”李海珉乐此不疲。伴随古镇的保护开发，陆续有古碑刻、古建筑、古文物被发现。每次接到电话，李海珉总会马上奔向现场，展开研究。

得益于扎实的研究，李海珉说起黎里的人、事、物，无不具体到年份月

份，准确又翔实，堪比一本活的“地方志”。

做古镇“守望者”

让李海珉最有成就感的，要数黎里镇成功申报中国历史文化名镇。

早年，每当古镇上的老宅被拆，李海珉都是看在眼里急在心上。他明白，要想更好地保护古镇，就必须把黎里申报成历史文化名镇，才能进行整体保护。“只是没想到，会如此坎坷。”李海珉说，2006年，黎里因行政区划改革，与芦墟合并成汾湖镇，这意味着以后将不再有“黎里镇”。

这样的结果，让李海珉很不甘心。“我开始在各种报纸杂志上发表文章，表达自己的想法，也想让更多的人了解黎里。”李海珉回忆，其中一篇文章被刊载在了发往中央的内参文件上，这让事情有了一丝转机。

2010年，黎里古镇保护开发管理委员会成立；2012年，黎里古镇保护开发启动；2013年2月，黎里镇建制恢复。更让李海珉欣慰和喜悦的是，2014年，黎里镇成功申报中国历史文化名镇；2015年5月，黎里镇增补进江南古镇世界文化遗产申报名录。

所有的努力都没有白费，黎里的根守住了。

做文脉的传承者

一路走来，李海珉的身份几经转变，目前，他是黎里古镇保护开发管理委员会顾问、黎里文化旅游发展有限公司顾问和柳亚子纪念馆顾问。身份在变，但他的“守望之心”始终如一。

每一处得以挖掘的黎里“家底”，对李海珉来说都是家珍。“挖掘只是第一步，如何保护传承好才是关键。”李海珉将20余年的研究成果写成文字，先后出版了6部个人专著，发表了600余万字作品，为的就是让黎里的历史“活”在世人心中。

随着年岁渐长，摆在李海珉面前的还有另一个问题——传递好手中的“接力棒”。“我正在努力寻找既热爱文史，又钟情古镇保护，同时对家乡充满热爱的年轻人，相信在留住文化之魂、故乡之根这条道路上，他们会走得更稳、更远。”李海珉说。

（黄明娟）

刘淑娟："爱心妈妈"一路播撒爱的种子

刘淑娟是黑龙江人，1993年，她从哈尔滨医学院毕业后，远嫁福建晋江，生儿育女，和丈夫一起创业，在福建生活了十年。2003年，一家人来到吴江盛泽，从此扎根在这片土地上，耕耘事业，播撒爱心。

创业艰辛，但这并没有妨碍刘淑娟走上公益道路，用她的话说，这叫"痛并快乐着"。

爱心是"遗传"也是性格使然

多年来，每逢国内有地方遭受重大的灾害，刘淑娟都会默默地捐款捐物。2008年汶川大地震，她捐出了1000元；2010年玉树地震，她又捐了600元……

说起自己与献爱心、做公益的渊源，刘淑娟笑着回忆起儿时父母的教导："我爸爸在世时，曾是个镇长，因为为人随和、乐于助人而颇受人爱戴。从小爸妈就教育我，要做个好人。"刘淑娟说，正是在父母的熏陶下，她经常对有困难的人施以援手。

"爱心妈妈"给孩子家的港湾

如今，刘淑娟有很多身份，妻子、母亲、朋友、生意伙伴、吴江红胜纺织整理有限公司的负责人、盛泽爱心义工群的核心成员……其中还有一个美丽的身份——"爱心妈妈"。

盛泽爱心义工群曾发起“家的港湾”公益活动，为缺乏家庭温暖的外来务工人员子女送上关怀和爱心。刘淑娟得知活动后主动参与，成了一名可爱小女孩的“爱心妈妈”。

女孩一家来自河南，住在坛丘。女孩的父亲去世了，母亲重组了家庭，女孩和爷爷奶奶相依为命。刘淑娟经常带着新衣服和学习用品去女孩家中，像妈妈一样陪伴在侧；天气好的时候，她会带着女孩去公园走走逛逛，玩耍谈心。

"我有幸做女孩的'爱心妈妈'已经两三年了,等她的生活步入正轨后,我就慢慢离开,继续做下一个孩子的'爱心妈妈'。"刘淑娟说。

爱的传承
儿女继承了爱心

刘淑娟不仅是个充满母爱的"爱心妈妈",也是个称职的母亲。对儿女的成长与教育,刘淑娟倾注了心血。她不仅关心两个孩子的学习成绩,更注重孩子优秀品德的养成。

在她的带动下,女儿凯莹也经常跟她一起做公益,组团去公园捡垃圾、夏日里为环卫工人送绿豆汤、冬日里为返乡务工人员送姜汤……每一次和妈妈一起做志愿者,女儿凯莹都感到十分开心。"我女儿性格单纯善良,每次遇到路边的乞讨人员,她都会弯腰献份爱心。"刘淑娟说。

"爱心天使"带动身边人投身公益

一直以来,刘淑娟通过善言善行,以身作则,把爱的种子播撒在孩子们的心中,将爱与善像传家宝一样传承下去。

刘淑娟是最早一批加入盛泽爱心义工群的成员之一,她穿上义工服,到敬老院探望孤寡老人、到福利院看望残疾儿童、为困难家庭捐款捐物、为老人拍照留回忆……她用爱心和奉献感染着周围的人。

2016年11月,盛泽爱心义工群发起了为贫困山区孩子捐赠冬衣的活动,刘淑娟的公司是其中一个冬衣接收点。她的朋友们闻讯后,捐赠了大批崭新的羽绒服,使活动得以快速圆满地完成。

2017年,得知刘淑娟在为贫困家庭捐赠物资,远在香港的朋友特意汇来了爱心款。"做公益久了,结识的朋友越来越多,很多生意伙伴也都跟着我走上了爱心道路,他们的支持和信任让我很感动。"刘淑娟希望,自己可以用实际行动带动更多的人奉献爱心。

(蔡铭越)

沈建祥：家有好婿更胜儿

沈建祥是一名普通交警。转业回到地方前，他在部队待了16年。

“2005年，女儿要上小学了，我向部队提出了转业申请。当时部队想留我，但家里小的要上学，老的要看护，不能让妻子一个人扛啊。”沈建祥说，岳父家有三个女儿，他的妻子是老大，作为大女婿，他理应挑起照顾家庭的担子。

照看岳父
随时叫随时到

沈建祥的岳父患有癫痫，平常很正常，可一旦发作，就会突然晕倒，而且发作起来没有规律。那些年，沈建祥带着岳父奔波了很多地方看病。“医生说，这个病无法根治。”沈建祥能做的，就是时刻做好准备，一旦岳父出现状况，马上赶过去。

为照看岳父，他和妻子干脆搬到了岳父家。

经多年治疗和细心照料，岳父的病情控制得很好，发作次数逐年渐少。但因长期服药，岳父留下了后遗症。

“医生说他患上了双向情感障碍，情绪低落时一声不吭，跟抑郁症差不多；狂躁时会到处跑，怎么也劝不住，哪怕半夜也要往外跑。”沈建祥说，家人每天几乎是24小时照看着，但即便这样，还是会有闪失。

有一次，岳父在住院期间，旧病发作，一个人跑出了医院。在医院陪护的岳母李素云怎么也拦不住，把人给跟丢了。李素云赶紧打电话给女婿沈建

祥，之后又报了警。沈建祥跑到医院，与大家一起找人，找了整整4个小时，人影全无。正当他准备刊登寻人启事时，却得到消息，岳父已经回到病房了。

“原来，岳父清醒之后，记得自己住的医院，就打车回去了。”沈建祥说，这样突然出走的事情，已经发生过好几次。

家难接二连三
顶梁柱不好当

2009年，家里再出状况。沈建祥妻子的大妹从楼上摔下，差点丢了性命。

“大妻妹在重症监护室抢救了两个多月。为了照顾她，我老婆没日没夜地守在病床前。”沈建祥说，大妻妹一住院就是近四年，其间辗转了多家医院。

那几年，沈建祥和岳父一家的年夜饭，都是在医院里吃的。出院后，大妻妹回到岳父家，卧床康复，而照料的责任自然落在了沈建祥夫妻身上。

沈建祥是名交警，他的妻子王伟宇在铜罗卫生院上班，两人的工作都很忙，家里却有两个病号需要照顾，日子过得可想而知。

可喜的是，经家人细心照料，大妻妹恢复得不错，自己能走路了，但语言功能尚未恢复，生活还要靠人照料。沈建祥夫妻俩实在忙不过来，就请了一个阿姨来照顾。

一个好女婿
比儿子还管用

平常每天的家务活，基本上都归沈建祥了。一大早买好菜，洗好，料理好家里，沈建祥才去上班。晚上回到家，他要帮岳父洗脚、擦身子等。

岳母年纪大了，常年劳累导致腰椎间盘突出。因此，沈建祥常常拉来单人床，摆在岳父房间，随时帮着照看。

“单位很照顾我，知道我家的情况特殊，遇事请假，领导一般都会同意。”沈建祥说，岳父和大妻妹都康复得不错，家里慢慢步入正轨。女儿上了大学，这是他最开心的事。

“我这女婿，邻居们都羡慕，说比儿子还孝顺。”李素云感慨地说，20多年了，只要家里有事情，女婿都是随叫随到。每个月给老伴换药，都是女婿带着老伴到医院，风雨无阻。家里的大事小事，女婿都操着心，不管他自己多忙，总把家里安排得井井有条。

（刘立平）

吴洲：守护“国门安全”

海关缉私警察，这是一个带有神秘色彩的职业。但在吴洲看来，缉私警就是普通的警察，性质与经侦警类似，忙碌是最大的特点。

“一年中一半以上的时间，都是在外办案，出差是常态。”吴洲坦言。2019年的农历春节还算平稳，没有特别棘手的案子要办理，所以吴洲能够与家人过一个完整的年。

从新警变成“老警”

吴洲的老家在常熟，2008年从南京大学毕业后，考入吴江海关，成为一名缉私警。

10年多的时间，他在吴江安家，有了一个和美的家庭。这些年，他也渐渐从一名新警变成了“老警”。

2016年，海关缉私部门在对某公司进行核查的过程中，发现该公司采取高报单耗的手法骗取海关核销，涉嫌偷逃国家税款300万元。

“高报单耗，简单地理解，就是用虚高的价值向海关申报，以此来骗取海关核销，达到少缴税的目的。”吴洲解释，这种骗税手法比较常见，但也比较隐蔽，侦办起来比较难，要核对非常多的数据资料。为此，他和同事放弃了周末休息时间，有时还要开夜工，连续奋战1个月时间，终于查清了案件事实。

“涉及走私的案子，侦办起来都是比较复杂的，要核对数据，要现场调查，往往一个案子需要花费一个月甚至更多的时间。也正是这个原因，连续出差、加班加点成了常态。”吴洲说。

缉私是一门技术活

吴洲说，海关缉私警察主要是侦查各种形式的走私案件，有涉税的（如走私汽车、成品油等）、非涉税的（如毒品、珍贵动植物、枪支等），涉及面非常广，专业跨度大，有时还会面临各种危险。

在他看来，要做好缉私工作，不仅需要懂得警务方面的业务知识，还要了解被侦查对象所涉及的专业知识，因此必须经常学习，提升业务水平。

有一次，吴洲参与了一起刑事走私案件的侦办工作。一家企业涉嫌高报单耗偷逃税款。该企业的相关管理人员都到案了，却拒不交代犯罪事实，眼看案件侦办陷入困境。该企业的前任老板是外国人，他与企业管理人员一直使用邮件来联系，不过邮件都是英文的。吴洲的英文水平不错，就承担起了核查邮件的任务。

"两天时间看了上千封邮件。终于，在几封邮件中发现了涉及案件的事实，使得案件侦查得以有所突破。"吴洲说。

工作忙碌，职责神圣

缉私警的工作也是有风险的。

“像侦查毒品案件时，有时面对的是穷凶极恶的毒贩，危险性不言而喻。”吴洲说，他们很多时候要到现场开展查缉，会遇到各种意想不到的风险，但是，既然选择做警察，就已做好了应对风险的准备。

相对于风险，他更在意的是，一年中有一半以上的时间在出差，对家庭照顾不够。

“出差到苏州周边还好些，若跑到外地，一待就是十几数十天，肯定没法照顾家里了。”吴洲说，既然选择了这个职业，就要忠实地履行职责，只能让家人多承担了。

从警10年多来，吴洲每年都是在忙碌中度过的。“海关缉私警察面临的普遍状况是，人少案件多，一旦案子叠加在一起，根本就忙不过来。”吴洲说，工作虽然忙碌，但职责神圣，是在守护“国门安全”。

正是这份责任感，让他忘我工作，不断锤炼业务水平。也因此，他被评为第四届“吴江好人”。

（刘立平）

张俊：甘守三尺讲台 践行公益初心

芦墟有位老校长，把毕生的精力都奉献给了三尺讲台。老校长叫张俊，2019年他已70周岁。

2009年退休以来，他比以前更忙碌，环保讲座、“好苗苗辅导班”、道德讲堂……他的讲台不再局限于退休前任职的芦墟实验小学，而是扩展到吴江各区镇，他甚至走进了全国各地的绿色学校；他的授课内容，也不再局限于文化课，而是扩展至环保、时政、法治、党的声音等；他的学生，同样不再局限于求知若渴的学生，更有来自他校的取经老师、为丰富晚年生活的老者、为提升党性修养的党员等。

做环保理念的宣传者

投身环保教育，还要追溯至1995年的一次校外调研活动。当年，张俊带着学生去远足，在一处水域发现了不少死鱼。追根溯源后他发现，鱼是因河水受污染而死，罪魁祸首是附近排污的工厂。

张俊陷入沉思：经济的发展，不应以牺牲环境为代价，如何让大家重视环保？自己可以做些什么？

“我开始将环保知识宣传带入课堂，如在晨会上宣传节水、节电和保护绿化等；在体育课上，用废纸做成垒球，让学生学会废物利用。”于细节之处，张俊将环保的种子播撒于孩子心里。

不仅如此，在校园环境布置上，张俊也动足脑筋，环保长廊、百草园、湿地保护区……芦墟实验小学成了远近闻名的环保学校，央视记者也来校

做过专题报道。

退休后，张俊仍将环保教育作为事业在经营。他自编的小册子《环保童谣》《节能从身边做起》等，将漫画与环保知识相结合。潜移默化中，学生对环保的认知愈发深刻。

做“好苗苗”的辛勤园丁

张俊一手策划、开办的“好苗苗辅导班”，现在已走出汾湖，在各区镇推广。

回忆开办初心，张俊庆幸自己的这个选择。“在教学中，单亲等特殊家庭的孩子，因为少受监护，学习和生活难免受到影响。”张俊说希望通过自己的努力，给孩子们带去自信、阳光，帮助他们树立坚定的人生信念，养成良好的行为习惯。

“好苗苗辅导班”的开设，受到了社会各界的关注，不仅得到众多退休老教师的支持，也吸引了不少青年教师加入志愿队伍。辅导班收获了预期的效果：孩子们喜爱这个假日课堂，家长们对此也大加赞赏。

“很多人问我，退休了还给自己找那么多事，值得吗？”对此，张俊不假思索，“我认为，我做的事情很有意义，做这些事我感到很快乐。”让张俊欣喜的是，在自己与爱心人士给予的阳光雨露滋养之下，这些他人眼中曾经的“野草”，正茁壮成长为一棵棵“好苗苗”。

做正能量的传播者

除了退休教师，张俊还有一重身份——汾湖道德讲堂巡讲队的组织者、巡讲队员。从2014年开始，他与队友们走进农村、社区、学校、企业等场所，宣讲党的声音、传播经典道德故事、弘扬全国道德模范先进事迹以及身边的好人好事。

如何让讲座内容更生动，张俊一直在内容和形式上进行创新，充分征求听者意见，根据群众需求量身定制。为此，张俊坚持学习。

“只有自己掌握了党的方针政策，才能宣传好。”每天看报成为张俊的必修课，《人民日报》《苏州日报》《吴江日报》……只要是好的题材，都会成为他的讲课内容。说话间，张俊拿出了厚厚一摞材料，上面有序粘贴着从报纸上剪下的文章。

（黄明娟）

朱七一：让群众感受到司法的公正和温暖

朱七一，吴江区人民法院刑事审判庭庭长，曾任少年庭庭长。这位个性温婉的女法官，办案时却有着相当较真的性格。“每次审理案件时，我从不放过任何疑点，不放过任何一个取证的机会。”她说。

她因务实获得诸多荣誉

朱七一于1988年参加工作，30多年的法院工作锻造了她务实、耐心、细致的作风，也给她带来了诸多荣誉。2013年，朱七一所在的少年庭得到最高人民法院和团中央的充分肯定，获评全国级“青少年维权岗”，为吴江法院争得首个国家级荣誉。

朱七一担任区法院少年庭庭长期间，在预防未成年人犯罪和少年犯帮教方面做了大量工作，因工作业绩突出，获评第四届“吴江好人”。而成绩的背后，是她极其认真的工作态度和默默付出的奉献。

最大程度保护孩子健康成长

2014年11月，朱七一指导的一则案例入选最高人民法院未成年人审判工作典型案例。该案例是一起变更抚养关系案，原告起诉要求变更女儿的抚养权，依据是已年满十周岁的女儿多次希望与原告共同生活。吴江法院审理后认为，十周岁以上未成年子女的意愿确是司法解释规定的准予变更抚养关系的因素之一，但该意愿是衡量是否有利于子女健康成长的重要参考

因素，而非决定因素。

秉持最大程度保护孩子健康成长的初衷，朱七一没有简单地根据法律条文来断案。她指导同事一方面到该未成年子女的学校了解情况，征询意见，另一方面围绕未成年子女展开调查，了解未成年子女的成长轨迹、成长环境、生活和学习现状。

在充分调查后，综合考虑各方面因素及未成年子女的辨识和责任能力，朱七一认为改变生活环境对子女健康成长明显不利，判决驳回了原告的诉讼请求。

给予未成年人温暖关怀

在朱七一平常接触的未成年人犯罪刑事案件中，外来未成年人犯罪占了绝大多数。因受客观条件限制，一些偏远山区的人口缺少相应的出生证明材料，未成年人的年龄认定工作存在一定难度。

在审理一宗盗窃案时，朱七一发现被告人肖某的年龄存疑，她立即组织人员会同公安部门，千里迢迢前往肖某的户籍地贵州省展开调查。由于被告人的户籍地地处深山，到达集镇后，办案人员只能徒步前往。在向被告人的亲属、村委会了解情况后，大家又到被告人就读的学校调取学籍材料，再到其出生地的卫生防疫部门调取被告人注射疫苗的记录，最后在证据充分的情况下，对被告人的年龄予以准确认定。

在办理未成年人刑事案件中，朱七一不但在案件的审理过程中施以人性关怀，还在案件审理终结后继续开展帮教延伸工作，促其早日自省。在未成年人小勇的抢劫案中，朱七一除了在庭前、庭中、庭后对小勇进行全程教育外，还在判刑后会同检察院、关工委、社区等部门前往服刑地——省未成年犯管教所看望他，为他带去书籍和日用品。在无微不至的关怀下，小勇积极改造，最终因在管教所表现突出而被减刑70余天。

在维护青少年合法权益、帮助青少年健康成长的第一线上，总能看到朱七一奔前走后的忙碌身影。20多年的法官生涯，贴近群众，贴近青少年，一直是她坚持的工作方法；让群众感受到司法中的公正和温暖，则是她工作的终极目标。

（史亚玲）

陈晔：只要能为普法工作尽一份力

村民打算卖掉自建房，合同都签了，但看到周边房价在涨，想反悔。怎么把房子收回来？村民想到的办法是设置一些障碍，促使买方同意解除购房合同；或是赖在房里，争取让对方多付一些购房款。

这是陈晔在村里值班时，一名村民与他的对话。

该提供什么样的建议，颇让陈晔花费心思。他没有简单地建议“依法来办”，而是替村民分析了利弊，把法律上、道德上的道理都说透。村民在权衡之后，主动放弃了违约的想法。

事业有成不忘社会责任

陈晔是江苏尚维律师事务所的合伙人，从事法律服务工作已有10多年时间。凭着对事业的那股韧劲、钻劲和拼劲，他逐渐成为律师队伍中的佼佼者。在事业有成之后，他不忘初心，主动做起了驻村律师、驻派出所律师，义务开展咨询、调解和普法等工作。

每个月，陈晔都会抽出时间，到松陵街道高新村值班，为村民提供法律志愿服务。

2015年，村里因房屋租赁合同纠纷需要法律援助，陈晔二话没说就接下了案子。虽然合同标的很小，但他认真对待，坚持事必躬亲。他不断上门做工作，向承租人分析法律条文，说明利害关系。

案子进入诉讼程序后，他积极协助村委会，拿出一个个有力的证据，打赢了这场耗时半年的官司。在随后的执行过程中，他多次到承租人家中，顶

着承租人的冷嘲热讽，耐心向其分析法院判决。

“有人劝我别去了，执行的事情让法院去做，但我不能不去。”陈晔说，承租人正是因为不懂法才会抗拒执行，他作为一名法律工作者，有义务做好法律的宣传解释工作。

沉在基层为民服务

每到驻村日，陈晔不管多忙，总会早早地赶到村里值班。

“村民遇到的问题总是各种各样的。”陈晔说，有些问题解决起来并不容易，如拆迁安置、婚姻家庭、遗产分割等，不仅要考虑法律的公平，还要考虑道德上的平衡。“拆迁中的补偿，有涉及个人的，也有涉及家庭的，在分配过程中容易产生矛盾。要解决这些矛盾，不单要考虑分配问题，还要考虑家庭稳定问题，所以不能轻率地给出建议。”

除担任驻村律师，陈晔还承担了驻派出所律师的工作。为此，陈晔每周都要安排半天到一天的时间，到滨湖派出所值班。

“除了法律咨询外，我还经常帮助所里做一些民事纠纷的调解工作。”陈晔表示，有些民事纠纷涉及的法律问题比较复杂，如劳资、工伤、物业等方面的纠纷，律师参与调解比较有优势，当事人也更能听得进建议。

值班记录显示，2018年，陈晔参与调解了20多起民事纠纷。

多做一些普法基础工作

每到暑假，陈晔就会到社区假日学校，担任普法宣传的志愿讲师。在假日学校听课的都是未成年人，因此每次讲课时，陈晔除了讲法律常识外，还会讲一些涉及未成年人保护的案例，让听课的学生能够结合自身情况，增强法律意识。

陈晔还担任过学校的法律顾问，在为学校提供法律咨询服务的同时，也参与面向学生的普法工作。

“在村里也好，在课堂上也好，能为普法工作尽一份力，我就觉得很有意义。”陈晔表示，在他看来，律师除了为当事人打官司，还应主动承担起社会责任；而做好普法工作，就是律师的社会责任之一。

（刘立平）

杨长辉："工作中要设身处地为他人着想"

2018年3月，杨长辉告别工作了24年的一线岗位，来到吴江文化传播有限公司，开始担任副总经理一职。

曾是一名感性的新闻工作者

1994年参加工作的杨长辉，起初在吴江电视台从事新闻采编工作。2007年冬天，他接待了一位抱着孩子、眼含泪花前来求助的母亲。

经了解，这位母亲怀中的孩子仅16个月大，小名叫铁蛋，患有先天性心脏病。孩子的父母都在吴江打工，家境贫寒。铁蛋的前期治疗，已经让这个贫困家庭负债1万多元，后续的手术费用更是让他们无力承担。

"当时小铁蛋面色惨白，嘴唇发紫，呼吸微弱，让人着急。"杨长辉说，看着这位绝望的母亲，他决定开展一次新闻行动，为小铁蛋筹集手术费。

时间不等人。杨长辉立即和团队策划了"救救小铁蛋"新闻行动，社会各界爱心人士纷纷伸出援手为小铁蛋募集手术费用。"手术全程7个小时，我一直在手术室外陪着小铁蛋的父母。"杨长辉说，直到医生说出"手术成功"四个字时，他悬着的心才算放下。

不是亲情却胜似亲情。虽然小铁蛋术后恢复得很好，但杨长辉还是一直关注着他，不仅关注他的身体情况，还时常了解他的学习情况。小铁蛋也亲切地称呼杨长辉为"杨爸爸"。

"无论是做人还是做事，都要积小善成大善。"杨长辉说，媒体工作者要有社会责任感，要尽自己所能，去帮助需要帮助的人。

一线执法要时常换位思考

2010年11月，杨长辉被调至文化市场综合执法稽查队，成为一名一线执法人员。

2016年，杨长辉带领稽查队队员，同公安民警一起，取缔“黑网吧”59家，查封（扣押）1600多台（套）电脑主机或其他设备。“查处‘黑网吧’是我们工作的重点，也是难点。”杨长辉说，队员在执法过程中经常被恐吓，甚至还会挨打，“执法过程中，没有抵触情绪的人很少。此时我们只有换位思考，才能不激化矛盾。”

2016年7月，中山北路有一家无证经营的网吧。杨长辉他们在第一次执法时给予了对方口头警告，给经营者一个停业期限进行整改，但这家“黑网吧”并没有按期停业。

“第二次执法时，我们采取了突击的形式。”杨长辉说，执法过程中，一名白发老人突然跑了过来，“老人冲过来，用头撞我胸口，嘴里还喊着‘打人了打人了’。”因为当时天气炎热，网吧里面又不通风，杨长辉被撞得晕倒在地。

“到医院检查后没发现问题，也没有追究老人的责任。”杨长辉说，取缔“黑网吧”的执法目的达到了，就不必再追究老人责任了。杨长辉说，执法也要讲“人性化”，尽可能为对方考虑，才能赢得对方的理解和支持。

帮助他人也收获温暖

在工作中，杨长辉始终保持严谨的工作作风、良好的服务态度，努力把工作做到尽善尽美。

在工作之余，杨长辉还非常乐于助人，他每年坚持无偿献血，还因贡献突出，获得了全国无偿献血奉献奖铜奖。

“想到自己的血能救人于危难，心里就会有小小的自豪感。”杨长辉说，献血也是做善事，只要能帮到别人，他就很开心，“社会需要弘扬这样的正能量。无论是工作还是生活，只要乐于助人，自己就会在帮助别人的同时，收获一份温暖。”

（何清）

吴宝珍：一家人和和睦睦就是福气

吴宝珍和丈夫蒋贻达都是上海人，大学毕业后因一同被分配到陕西工作而相识、相恋。1988年，丈夫蒋贻达由于工作变动，被调到吴江任职。吴宝珍为了追随丈夫，也为了方便照顾婆婆，便跟着丈夫一起来到吴江并生活至今。两人在平淡生活中抒写着爱、孝、善。

2016年5月，老伴蒋贻达在下楼梯的时候，由于年纪大了，眼睛看不清，不小心一脚踩空，摔了一跤，左腿膝盖骨折。得知丈夫摔跤，吴宝珍赶忙请来邻居帮忙，将丈夫送到苏州市中医医院进行手术，其间每天为丈夫擦身、洗头，扶着他走路。“作为妻子，这些都是我应该做的。”吴宝珍说，“每次我扶着他走路时，感觉自己的身体都是摇晃的，但是只要我还可以走路，我就一定会照顾他，这是我对他的承诺。”这么多年来，每逢大事，夫妻俩都是这么相互扶持过来的。

除了要照顾生病的老伴之外，吴宝珍还要“哄”着婆婆杨银仙。1990年起，吴宝珍就和瘫痪的婆婆杨银仙住在了一起。28年来，杨银仙两根股骨头坏掉、两个膝盖骨骨折，腰椎骨折两次、肋骨断过两根，一直卧床，大小便不能自理。吴宝珍吃喝拉撒睡全方位服侍，端饭、擦身、换洗脏衣服……吴宝珍从来没有嫌弃，也没有半句怨言，总是尽心尽力地照顾着婆婆。

婆婆吃素，为了配合婆婆的饮食习惯，夫妻俩每天也跟着婆婆一起吃素。吴宝珍劝婆婆要吃点鱼、肉，对身体好，可婆婆总是不听劝，甚至向儿媳妇发脾气。“我也没有办法，但是只要老人开心，我们委屈一点也没关系，一家人和和睦睦就是福气。”吴宝珍说。

将近30年的时间里，吴宝珍一直在照顾婆婆。“婆婆年纪大了，但是性

格就像个小孩子，凡事一定要顺她的心意。”吴宝珍说，天气热，婆婆喜欢吃冷饮，考虑到身体因素，吴宝珍答应婆婆一天能吃一块雪糕。她会帮婆婆把雪糕包装袋拆掉，再递给婆婆，一边用纸巾帮婆婆擦嘴，一边给婆婆梳头。

2018年，带着对儿子和儿媳的不舍，婆婆杨银仙病逝了。

年轻时，吴宝珍曾经当选过多次厂劳模、生产标兵，关心、帮助他人是她一贯的作风。邻居凌美金中风瘫痪在床十多年了，老伴俞世荣年纪也大了，子女都不在身边。吴宝珍经常上门看望，宽慰凌美金夫妻，开导他们：“年轻的时候吃苦了，现在有退休工资，享的是党和国家的福，要乐观地活着。”凌美金头发长了，吴宝珍带来理发工具为她理发；自己有事外出，就帮凌美金把头发剪短一点，安排好自己的事情后再来看望，常年如此，从不间断。

除了照顾家里，吴宝珍还义务担任网吧监督员十多年，她还动员党员殷素芳和她自己的老伴蒋贻达（摔伤前）轮流到辖区网吧巡逻，掌握网吧上网人员的情况，和网吧老板聊生意，聊未成年人上网问题，真情关爱未成年人。

多年来，吴宝珍朴实的言行、默默的奉献赢得了居民的点赞，她成为大家学习的榜样，是名副其实的吴江好人。

（黄晓雯）

后记

本书是继《德行吴江》之后，时隔5年推出的又一本全景式展示“吴江好人”事迹的书籍。它既是一次“好人”的群像展示，也是一种精神的传承。书中的主人公们用凡人善举，彰显着吴江儿女坚定的信仰和坚守的力量。他们，是我们这个时代的精神标杆，是我们建设全国文明城市的精神内核。

中共苏州市吴江区委宣传部、吴江区文明办再次组织出版以“好人”为主角的书籍，是对吴江城市文明精神内涵的一次丰富，是对公民思想道德建设的一次深入，是培育和践行社会主义核心价值观的一次创新。

本书的编撰工作得到了中共苏州市吴江区委宣传部的高度重视和支持。区委常委、宣传部部长刘伟欣然为本书作序。吴江区融媒体中心的记者们、吴江的文学爱好者们用饱含深情的笔触采访了83人，写下了77个令人感佩的故事，同时用镜头记录下了一个个质朴动人的瞬间。古吴轩出版社对本书的出版给予了大力支持，在最短的时间内顺利完成了书稿的出版工作，使本书能够及时与广大读者见面。为此，一并表示衷心感谢。

受编纂时间和自身水平所限，本书内容难免存在疏漏之处，敬请读者批评指正。

本书编委会

2019年12月